Management By Belief

MBB:「思い」のマネジメント

【…………知識創造経営の実践フレームワーク…………】

一條和生＋徳岡晃一郎＋野中郁次郎

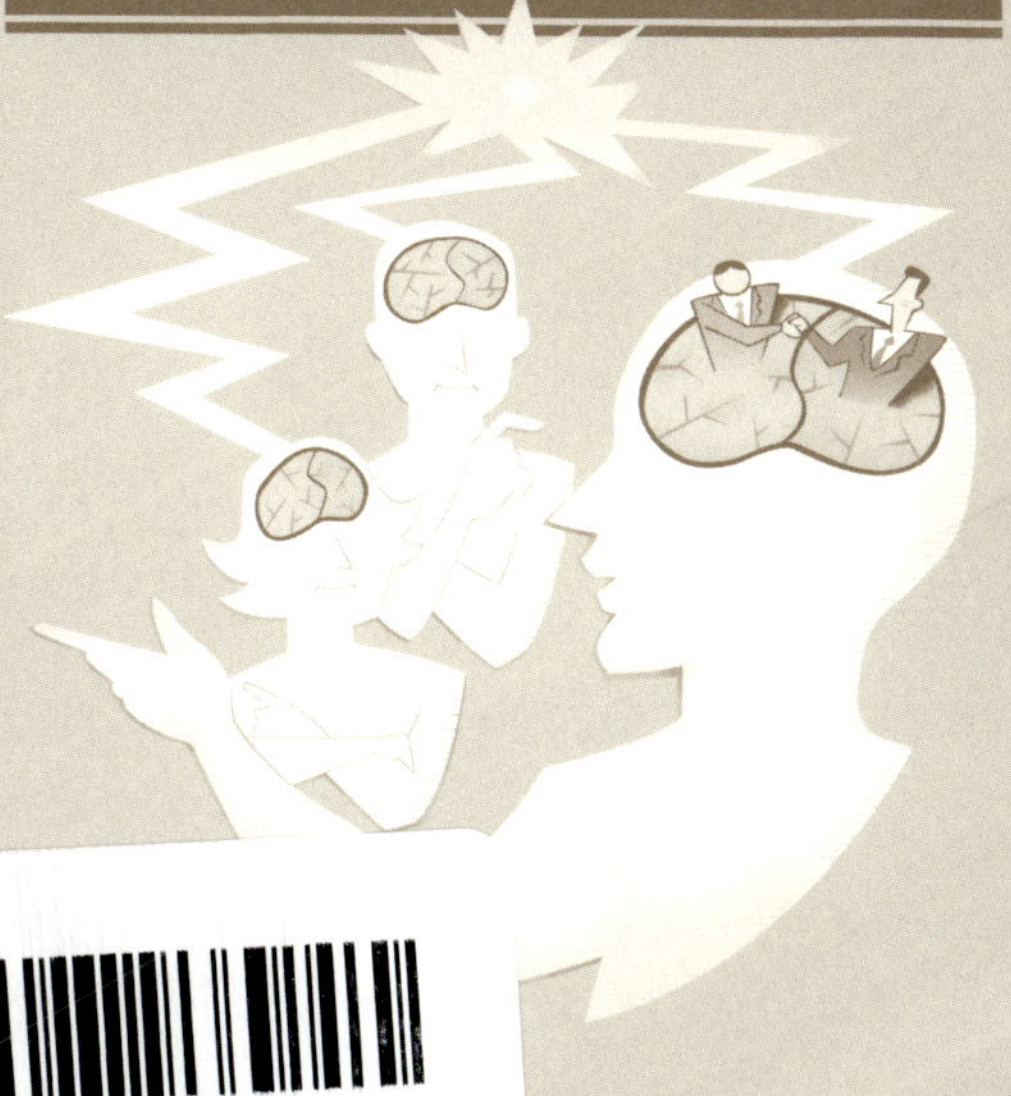

東洋経済新報社

まえがき

世の中には、仕事を楽しんでいる人と仕事にやられている人がいる。

経済の低迷、高齢化、人口減少などの暗い話題が多い昨今だが、辛い境遇に陥って嘆いている人がいる一方で、自分の志を貫こうと一歩ずつでも前進している人がいる。

会社のしくみはますます結果が強調され、成長しなければ切り捨てられる状況になってきているが、一方では持続的で長期的な進化に焦点を当ててイノベーションを起こしている組織もある。

目の前の数値的な成果に追われている自分と、それに対して何か変だなと思っている自分がいる……。

いまわれわれは、やらなければならないことに追いまくられ、受身で被害者的な立場で仕事をこなすような状況にますます追い込まれているのではないだろうか。だれかが明確にそう決めているわけではないが、いつしか競争に勝つということが至上命題化し、組織は社員にそれを当然のこととして強要し、当事者意識を持てないのは、勝負に勝つつもりがない、あるいはコミットの意識が薄いからだと切り捨てる。成長し続けることが能力を開花させるのだと押し切られる。

しかし、これでは短期の勝負には勝てたとしても、本質的なことを突き詰め、大きなイノベーションを起こし、幸せな人間関係に包まれた持続的に発展する社会を構築することはできないだろう。息切れし、倒れそうになるころには、組織の共同体意識は分断され、そのような環境下で生まれるチープで粗悪な商品に囲まれた社会になるのではないだろうか。

このとき、もう一度考えてみたいのは、仕事の楽しさとは何だろうか、仕事による成長とは何だろうか、仕事による社会への貢献とは何だろうかということだ。厳しいかもしれないが、楽しく仕事をし、人とのつながりもよくなり、社会や世界にも貢献できる、そんな仕事の仕方とは何だろうか。これが本書の主題である。


成果は出さないといけないし、競争にも勝たないといけない。資本主義の中でのステークホルダーへの責任や社会的な責任も果たさないといけない。しかし、それが社員個々人やその家族の犠牲の上に成り立ってよいはずはない。しかし、そうした関係性を生み出しているのも会社の中で働いている個々の従業員であるところが厄介なのだ。普段はいい人なのに、会社のしくみの中では鬼のように数字の塊になってしまう。そうなってしまうのだ。また受ける側も、おかしいと思いながらも従わざるを得ない。そうなってしまうのだ。

自縄自縛状態。そこを変えるには、やはり制度や運用を含めて、結局それらを司っている社員個々人、自分自身のありようをみなが見つめ直さないといけない。社員個々人が何もしなくても、だれかが救ってくれるわけでもない。われわれ個々人がどういうスタンスで仕事に臨むのか、自分自身がどう仕事に向き合うのか、自分の立ち位置をどうするか。自分が本当に楽しさも成果も両立するような仕事観を持って、仕事に臨むこと。やられっぱなしで愚痴だけいっていてはいけないのだろう。そうしてはじめて縄がほどけていくのではないだろうか。

現にスポーツでも、芸術でも、アカデミズムでも、職人の世界でも、プロの世界では自分の立ち位置をはっきりさせて仕事に向き合い、成果と楽しさを両立させている。一流になるために持続的な研鑽と進化に余念がない。歯車は弱っている企業とは逆に回っている。

ビジネスの世界でも同じはずなのではないか。サラリーマンを言い訳にしていては仕事にやられる一方であり、かつそういう短期的競争社会を生み出す側にも回ってしまう。

仕事に対しての自分の立ち位置を設定するためのカギが必要だ。ここでわれわれが提案したいのが、仕事や会社、あるいは人生の目標や夢への「思い」なのだ。そして、身の回りの幸せだけではなく、より広い共通善も視野に入れた社会への「思い」なのだ。

「自分はいったい何をやりたいのか」「自分の夢は何なのか」「自分はどういう職場にしたいのか」「自分はどう世界と付き合いたいのか」……。

思いを持って仕事に臨み、思いを持って自分なりのストーリーを描いて、仕事を組み立てていくことが、いま、崩壊の淵へ向けてぐるぐると回っている大きな歯車を止め、逆回転させていくスタートになるのではないだろうか。そのような考え方を「思いのマネジメント」(Management by Belief、略してMBB）というコンセプトにまとめ、その具体的な展開についての体系化を試みたのが本書である。実際には、「思い」を持ってよい成果を生み出す活動をしている人々が日本にも世界にも数多くいる。本書をまとめるにあたっても、その中の何人かの方にケースをご提供いただいた。ここに改めて謝意を表したい。

実際、このような考え方は、リーマンショック以降、世界的に広がっているように思う。シリコンバレーの非営利研究機関「マネジメント・ラボ」が開催したマネジメント・イノベーションを考える会議には、ゲイリー・ハメルやヘンリー・ミンツバーグ、C・K・プラハラード、ピーター・M・センゲなど、世界を代表する経営学者、コンサルタントらが集まった。彼らの問題意識は、産業革命とともに発明されたマネジメントの勢いは次第に衰え、いまや閉塞状態にある、リーマン・ブラザーズをはじめ投資銀行業界の崩壊もそれを示唆しているのかもしれない、といという点にあった。現状を打破し、新しい時代を切り開くマネジメントを議論した結果生まれたのが二五項目の「マネジメントの挑戦」であった。

二五項目のトップに置かれたのは、「マネジメントのより高い目的を確保せよ。経営は実践においても理論においても、高貴で社会的意義に向かう」。

また第二項目に挙げられたのが、「マネジメント・システムにコミュニティと市民性を埋め込むこと」。これらの項目の背景にあるのは、マネジメントの基本はわれわれが人間であるということにあるという基本認識である。常に何が正しいか、美しいかを模索し続けてきたところに人間の人間としての所以がある。それをマネジメントはおろそかにしてはいけないのは当然である。だからこそ、第三項目として「マネジメントの哲学的基盤を再構築せよ」が求められることになる。これからの経営は、美、正義、コミュニティーといった時代を超越した人間の考えを信用しないといけないと強調されるのも同様の考えに基づく。他にも項目の中には、「人間の想像力を解き放て」、「情熱に満ちあふれたコミュニティを実現せよ」といった、本書に記したＭＢＢと同様の主張が認められる。

ビジネスの危機に直面して、ビジネスリーダーにとって大事なことは「共通善」の実現に向けた「よりよきこと」の無限的追求に他ならないということが、アメリカでも再認識されたのだろう。そして、それこそわれわれが本書で呼ぶ「フロネティック・リーダーシップ」（賢慮型リーダーシップ）に他ならない。フロネティック・リーダーに何よりも求められるのは共通善を実現しようという強い思いである。

本書では我が国の事例をまとめているので、ここでは海外の一例を挙げよう。２００９年７月に販売が開始されたインド、タタ・モーターズのナノ。世界でもっとも安い自動車だ。その原点は同社の会長ラタン・タタが２００３年に発表した「一〇万ルピーカー構想」（発表当時のレートで約二八万円）にある。タタ会長は一家四人が一台のバイクで移動する日常風景を見て、「手ごろな値段で、雨の中でも安全な移動手段を提供したい」という強い思いを持った。発表当時、一〇万ルピー程度では、まともな乗用車としての機能を備えた車の実現は無理だろうと考えられていた。しかしタタ会長の強い思いが、不可能を可能にした。助手席側にはドアミラーがなく、ワイパーも一本のみといった、従来の常識を超えた車ナノの誕生である。値段も一一万二七三五ルピーで目標をほぼ達成した。

「月に行きたいと思わなければ月には行かなかった」とはよくいわれることであるが、なんとか実現したいという思いが不可能を可能にし、イノベーションを実現する。そしてそれこそ人間の本質なのである。MBBとは人間の本質に根ざす経営なのである。

われわれの思いとしては、日本の人々がもっと楽しんで創造に向かえるような組織や経営を構築したい。また欧米流の経営観とは違った日本流のマネジメントを世界に発信し、より調和のとれた社会について日本流の考え方を提案したいというところにある。こうしたわれわれの見方に対して、読者のみなさんから多くのご意見をいただき、MBBのコンセプトとしくみをぜひ発展させていきたいし、それを通じて日本、そして世界をもっともっとよくしていきたいと願っている。

2010年5月

一條　和生
徳岡晃一郎
野中郁次郎

目次

まえがき　1

第1章
MBB――「思い」のマネジメントとは何か――　13

知識創造の鍵となるMBB　14
仕事に「思い」を持つと人生が変わる／ある幹部の嘆き／仕事に疲弊感をもたらしたもの／「左脳のマネジメント」の限界／創造的対話をベースとするMBB／縦軸と横軸のバランスの回復

日本企業の宝が現場から消失する前に　31
考えない職場／従来型の管理手法が液状化を促進

フロネティック・リーダーシップを発揮する　39

第2章
MBBが個人にもたらす価値――仕事の喜び、自己実現――　41

イノベーションの根幹にある「思い」　42
数値優先の中で失われる個人の主体性／最初にすべきは「個」を取り戻す作業――Remember who you are.／論理分析的思考からイノベーションは生まれない

高質な「思い」を持つ集団　51

「思い」の質が問題／高い志を持つメリット

実践知①「美しいものは人を幸せにする」　58

――職人型デザイナーの「思い」の源泉

和田智　SWdesignTOKYO代表／アウディ・デザインパートナー（前アウディデザイン・シニアデザイナー兼クリエイティブマネージャー）

学生時代に見た真っ赤な「クワトロ」／日産自動車、そしてＲＣＡへ／日本の企業に対する二つの違和感／情報があふれるところからは創造は生まれない／環境とデザインの分かち難い関係／歴史が途切れると美意識が伝わらない／役割分担で職人型デザイナーを活かす／デザイナーの思いを最後まで残すしくみ

実践知②「いい仕事をしたいという思いをぶつけ合う」　72

――やらされ感のない仕事が成長の源泉

西村規子　サイバーエージェント　コーポレートIT室　シニアマネジャー

ＩＴバブル崩壊直後にサイバーエージェントに入社／ビジョンを伝える経営陣に共感／会社の成長が仕事の喜びをもたらす／「思い」を伝えること／仕事とプライベートが融合する

実践知③「ビジョンを本当に実現しよう」　86

――現場で肌で感じた問題意識を真剣に追求し続けることの大切さ

宮田昌紀　ユナイテッド・シネマ社長

内橋洋美　ユナイテッド・シネマ　人材開発担当マネジャー

リストラではなく長期戦／作品頼みからの脱却を目指して／トップの「思い」とシンクロした教育

プロジェクトのスタート／ついに黒字化を達成／他者との関係性の中で育まれる「思い」

未来を切り開く思考法 101
前向きの方向性を持つ主観の大切さ／仮説やシナリオで未来を切り開く／問題意識のリストを作成する

第3章
MBBが経営にもたらす価値――高い志、知の創造と共有―― 107

「思い」をベースに目標を高質化するMBB経営 108
MBOの目標に「思いの裏打ち」をつけるMBB経営／「思いのネットワーク」の形成／「思い」を共有し、実践する「チームコーチング」と「SECIモデル」／窮屈な権限規定や役割分担を打破する「無境界行動」／ワークもライフも渾然一体となるMBB型ワークスタイル／MBBはトップのビジョンから始まる

実践知④ **「リゾート運営の達人になる！」** 126
――ビジョンを楽しく共有し、考える社員をつくる経営
星野佳路 星野リゾート社長
「リゾート運営の達人」に託された〝思い〟／ビジョンを具現化する三つの数値／ビジョンは楽しく身につける／再生事業でも「思い」は同じ／「侃々諤々の文化」を植えつける／「立候補制」でさらにビジョンに近づく／企業の成長と個人の幸せのベクトル合わせ

実践知⑤ 「真の価値創造につながるM&Aを目指す」 140
——M&Aの草分けの原体験
吉田允昭　レコフグループ代表
M&Aのパイオニア／毎日部下と飲みに行き、仕事の意義を説き続ける／夜も眠れない社長の気持ちを忖度する／社員の行く末も考えるM&A／自分の価値観をいかに組織に浸透させるか／コンダクターとしての喜び

実践知⑥ 「日本発のグローバル化を成し遂げたい」 152
——ワンアジアの構想で本社を驚かす
三島大二　日本エマソン　元専務取締役・ブランソン事業本部長
ブランソン日本法人躍進の立役者／マトリックス組織で日本法人の存在感を示す／韓国法人に日本型のオペレーション／「ワンアジア」はまず人づくりから／徹底的に日本からサポートする／アジアが欧州を凌駕する

人間らしさに立ち戻る経営の希求 165

第4章
「思い」をベースに動くMBB経営の枠組み —— 167

MBOとMBBの統合プロセス 168
業務の目標における縦軸と横軸／目標設定ステージ——MBBプロセスで重要な「思いのあぶり出し」／ビジョン設定——「思い」をあぶり出すMBBセッション／中期計画、年度目標の設定——

「思い」の創発と共有／MBOの目標数値の裏づけ／日常のMBB――OJTをめぐる問題／欧米の優秀なマネジャーはむしろMBB／日常の対話のプロセスで「思い」を高質化する――セルフコーチング／MBBのセッションをイベント化し、縦横無尽に思いをぶつけ合う／評価のステージ――MBB型の評価・報酬制度

MBOの世界観からMBBの世界観へ 196

予定調和型から未来探索型へ／異業種から学べ／組織やルールありきの幻想／モチベーションから意志力へ――ソーシャルデザイン・リーダーシップ

MBB型の人事制度――戦略は人事に従う 206

戦略は人事に従う／人事異動／評価制度／人材育成

MBBを成功に導くための運用の方法 215

未来のアジェンダ探索能力を育てよう／思いの連鎖を起こそう／ロールモデルを発見しよう／MBB仲間を見つけよう／まずはMBBのトライアルから／未来の自分からの問いかけ

第5章

MBBを実践するためのガイド ―― 223

創造的対話としてのチームコーチング 224

チームコーチングで目標を高質化

「思い」のピラミッドとしみじみ感 227

「思い」の発信力／「思い」のピラミッド

SECIモデルに基づく「思い」を深めるセッション 232
MBBリーダーシップ・セッション／SDS（SECI Dialogue Session）／デジタルコーチング
「思い」を深める基本作法としてのセルフコーチング 238
日常から学ぶセルフコーチング／思考の型としみじみ感

終章
フロネティック・リーダーシップ 245
フロネティック・リーダーの六つの能力 246
新しいグローバル・カンパニーを目指す 251

あとがき 255
参考文献 261

カバーデザイン　東京図鑑
本文デザイン・DTP　アイランドコレクション

第1章

MBB——「思い」のマネジメントとは何か

知識創造の鍵となるＭＢＢ

仕事に「思い」を持つと人生が変わる

われわれは普段、どんなことを考えながら仕事をしているだろうか。「なぜ、この仕事をしているのだろう」とか「自分はこの仕事が好きだろうか」。あるいは、「この仕事にはどう意味があるのだろうか」、「この仕事を達成したら、どのようなことを学び、成長できるのだろうか」というように考えることは少ないものだ。

むしろ日常的には、「どうやったらうまくいくのか」、「どう切り抜けるのか」、「上司対策として、どんな言い回しでいけばいいのか」というようなことに真剣になっているだろう。

仕事の意味というよりも、仕事のハウツーが主体だ。

仕事や目標が次々と顧客や上司から降ってきて、仕事の意味など考えている暇がないという状況もあろう。もしくは、そんな青臭いことを考えている暇があれば、とにかく目の前の課題に専念しろという環境のためかもしれない。

自分はこの仕事が好きなのか。なぜこの仕事をするのか。この仕事は何につながっているのか……。このようなことをいちいち考えなくても仕事は大過なく回っていく。自分の責任をうまく果たしさえすればそれで十分だ。企業の規模が大きければ大きいほど、組織の懐やイナーシャ（慣性）も大きく、各自が仕事に一生懸命に取り組めば、個々人が自分自身のことなど何も考えなくても仕事は回る。人があたかも仕事の道具になっていくように。

しかし、ふと立ち止まって、冒頭の疑問のような根源的な問いかけをしてみる必要はないだろうか。自分にとっての仕事の意味、すなわち自分の仕事へ「思い」を持って取り掛かることが大切なのではないだろうか。そこから仕事へのやりがいが感じられるようになり、途中で困難な状況にぶつかったとしても、それをブレークスルーする原動力となるであろう。

思いを持たないと絶対に実績の出せない世界もある。たとえばプロ野球の世界、ミュージシャンの世界などがそうだ。

アメリカに渡って以来九年連続で二〇〇本以上の安打を放った、日米が認める偉大な打者イチローは、ロックミュージシャンのヒーローである矢沢永吉との対談の中で、「その瞬間は『これでいい』と思っても1週間後には『いい』とは思えなくなり、『もっと、いい』ものを探し求めなくてはならないが、それが面白いし野球を続けるモチベーションにもなっている」と語っている。また矢沢は、「仕事という前に、まず好きでないとダメだ」とミュージシャンとしての仕事への思いを吐露している（『イチロー×矢沢永吉　英雄の哲学』ぴあ）。

もちろん、本書の読者は野球選手やミュージシャンではないであろう。大半が企業の中で仕事をしていると思う。企業の中でイチローや矢沢とまったく同じように振る舞えるわけではないが、仕事（プレー）に対する姿勢はまったく同じではないだろうか。この仕事が好きだ、この仕事をすれば人が幸せになる。そんな思いを持って仕事に取り組めば、その瞬間から、仕事への姿勢と人生は輝きを増すのではないだろうか。

だれにでも仕事を終える日、人生を終える日がやってくる。そのときに「いい仕事をした」「いい人生を過ごした」と思いたいものである。

残念なことに日本企業はバブル崩壊以降の立ち直りのために、必死でアメリカ流の株主至上主義の流れをグローバル・スタンダードとして受け入れた。「すべての目標は数値化できる。数値化できるものは改善できる」と主張され、数値万能、形式知主導の世界観が構築されてきた。数値のマネジメントが幅を利かせると同時に、社員が仕事に思いを込める部分はどんどん後退してしまった。

たしかに一部の企業では収益は回復し、数値目標が達成された。一方、その陰で格差社会や社会的な歪みが蓄積され、収益回復に遅れた企業や地域はもちろんのこと、当の回復企業においてでさえ、メンタルヘルス問題、短期雇用の急増、不祥事・品質問題の続発、組織の細分化・サイロ化現象など、それまでの日本には見られなかった光景が広がった。こうした不安定要素が増す中でいま、もう一度仕事にどう向き合うべきなのか、われわれは内心では常に自問自答してきたのではないだろうか。

そしてついに２００８年９月のリーマンショックを境に、極端な株主至上・利益至上主義、そしてそれをベースにした資本主義の破綻を経験するに至る。企業が真に価値ある成果を出すためには、もう一度私たちの心の中の声を聞き、一人ひとりが仕事への向き合い方を問わねばならなくなっている。経営ツールやマネジメントのスキルだけでは解決しない問題だ。

企業の中でも、イチローや矢沢のように仕事を愛し、あくなき探求心を持って仕事に取り組めば、人生はもっと楽しく意義深いものになる、そんな仕事との付き合い方の根源が問われている。そのような思いを持って仕事に臨むスタンスでこそ、質の高い成果が生み出され、真に価値のあるものを提供できるのではないだろうか。

そのためには今日、日本企業とそこで働く社員が置かれている状況をつぶさに観察し、何が思いを持った仕事に対しての阻害要因になっているのかを探る必要がある。そして、阻害要因を取り除き、みなが生き生きと自分の思いを持って仕事に取り組めるように、会社に新しいしくみを埋め込む必要がある。仕事と組織の「新しいＯＳ」の再構築だ。利益や株主至上ではなく、人のやりがいや人類への価値の創造を軸足に置いたＯＳである。

ある幹部の嘆き

「現場のＯＪＴがままならなくなっている――」

いま、多くの企業で聞かれる悩みだ。

これがまだ組織もできあがらない、新興ベンチャーであれば一つの通過点の問題だとすませてもいいのだろうが、自動車、電機、金融などの日本でも指折りの優良企業からも同様の声が聞こえてくる。ここに問題の根深さがある。

「バブル崩壊後、意思決定のスピードアップを図るため、組織のフラット化を進めました。いままで部長、課長、係長、主任というくつかの階層の中で新人は自然に育てられていました。ところが階層が取り払われフラットな組織になって、一人のマネジャーが何十人もの部下の面倒を見る組織に変わったのです。同時に成果主義が入ってきて、マネジャー自身がプレーヤーとして高い目標数値を達成する必要に迫られました。昔のように、部下の仕事がまずければ突き返してもう一度考えさせる余裕はもはやありません」

これはある有名企業の経営幹部の言葉である。日本メーカーの強さを支えてきたのは現場力である。現場で考え、現場で改善していく力だ。それは階層状の組織の中で一定の冗長性を蓄え、その余裕を活用したＯＪＴやローテーション、教育研修を通じて培われてきた。こうした現場力を維持するシステムが、スリム化、フラット化の流れの中で、どんどん消失してきた。モノづくりやコトづくりではなくカネづくり。マネーゲーム優先の価値観が跋扈《ばっこ》するようになってきた。

ＯＪＴが機能しなくなったことは、単にスキルアップの障害という問題だけではない。ＯＪＴでは先輩と後輩の間での技能伝承と同時に、信頼関係の構築や価値観の伝承、環境変化に応じた解釈などが濃密な対話の中で行われ、組織文化の絶えざる進化（evolution）のプロセスがビルトインされていた。価値観（value system）はその会社の強みを裏づける根源的な要素だ。財務資本や物的資本以上のものであり、企業規模や利益率などの「表の競争力」をつくる源泉だ。仕事のやり方や精度、コンプライアンスの判断基準まで、その価値観によって決まってくる。

かつての職場では、価値観の伝承や進化が人を通じて行われ、企業活動の基盤が形成された。ところが、人と人との関係性は薄くなり価値観は希薄化し、企業固有のアイデンティティは薄れ、たがが緩み多くの不祥事につながってきている。ＯＪＴによる暗黙知的なマネジメントが崩壊し、軸を失いつつある日本企業像が広がっている。

先の幹部は「価値観に大きなぶれが出ている」という。「バブル崩壊後、人件費削減のため契約社員や外注を増やしました。海外では中国、インド、旧東欧諸国などに進出し、価値観のまったく異なる国の従業員が増加しています。価値観がバラバラになる条件がどんどん多くなる一方で、国内の若者の価値観の変化もかつてないほどに著しい。かつては声高に〝品質第一〟と叫ばなくても、不具合が出たときに徹底的にその原因を追究しなくてはならないといった価値観が当然のように会社の中にはありました。現在は不具合を見逃しても平然としています」。

日本を代表するグローバル企業であり、過去最高益を上げてきたこの企業の幹部も、足元で進行している組織の崩落に強い危機感を持っている。この事例は現在、多くの日本企業が置かれている状況を雄弁に物語っている。組織のフラット化、成果主義の導入によって、現場が学習し、試行錯誤する余裕が奪われている。雇用の多様化によって価値観の伝達が難しくなっている。まがりなりにも契約社員や派遣社員にそれを覚えてもらったのも束の間、今回の不況で彼らはあっさりと契約を打ち切られ、そこで蓄えつつあったノウハウも雲散霧消しかねない。

これからグローバル化が進む中で、日本がその存在意義を確立するためのベースをどこに求めるのか。いままでの軸足が揺らぎつつある中で、マネジメントの新しいＯＳを根本から考え直す必要が出てきている。

仕事に疲弊感をもたらしたもの

日本企業のマネジメントはバブル崩壊で大きく変わってしまった。

従来は入社からしばらくは個人のパフォーマンスよりも徹底的に仕事のやり方や価値観を身につけることに重きが置かれた。先輩たちはＯＪＴの担当でなくても、入れ替わり立ち替わり、後輩に仕事を教えた。

ところがバブル崩壊後は職場の様相が一変する。企業収益の悪化、財務体質の脆弱化。一気に弱っていく日本企業を世界は厳しく評価した。そういう中で金融機関の破綻が続き、もっとも国に守られていた業界でさえ安泰といえない時代に入っていった。もはや従来の日本型経営では生き残れない。そこで日本企業が自らを復活させる手立てとして選んだのが、徹底的な成果主義だった。

まず、経営者は株主に対して利益を約束する。そして、それを念頭に置いた経営計画を立てる。今度は、その数字を各部門や各課に割りつける。それによって社員個々人が目標にする数字も決まってくる。理論上は個人がきちんと成果を挙げれば、課や部の目標数字もクリアでき、課や部の目標がクリアされれば全社の目標も実現できるしかけだ。

もしも、個人に割りつけられた目標数値が達成されなければ、株主への約束は果たせない。経営としては、個人に間違いなく目標を達成してもらわないと困るわけだ。「個人目標の達成」↓「チーム・課の目標達成」↓「部門の目標達成」↓「全社の目標達成」。このプロセスを確実なものにするために、いまや日本では九〇％以上の企業が目標管理（ＭＢＯ＝Management by Objectives）と成果主義とを導入している。

最近、企業組織の中で目標の「必達」、「未達」という言葉がよく聞かれるようになった。上層部、中間管理職ばかりでなく、若い一般社員の口からもよく発せられる言葉である。しかし、これは企業組織の中ではない一般社会ではなじみのない言葉だ。そこに、現在のマネジメントの非日常性が透けて見える。

ＭＢＯと成果主義の導入は、短期的には確実な数字となって表れた。日本企業の業績は上向き始め、それによって日本経済も最悪期を脱することができた。04年ごろからは過去最高益を記録する企業が増えてきた。

ところが企業の収益や財務の体質が急速に強化される裏で、ゆゆしき事態が進行した。現場は、上から降ってくる高い目標に追われるようになったのだ。社員はこなしてもこなしても増え続ける大量の業務に埋もれ、疲弊感を増していった。しかもスリム化の名の下に正社員は絞り込まれ、どうしてもやりくりがつかない場合は、派遣社員が代替する。また、アウトソーシングの名の下に、オペレーションは切り刻まれて、現場感覚を持てなくなる。希望を持って入社してきたはずが、仕事に面白みを感じられず、それこそ砂を噛むようなそっけなさで仕事をこなす毎日が続く。その結果、若い社員が次々と辞めていくという事態が起こった。

三年で三割、三年で五割。

これは大卒で入った社員がその後三年のうちに三割が辞め、高卒で入った社員の五割が辞める昨今の事情を端的に表す言葉だが、就職氷河期といわれる厳しい採用環境の中で内定を得た「勝ち組」でさえ、このありさまである。

昨今の若者は我慢できない。わがままだ。移り気だ。こうした見方も、まったく根拠がないわけではなかろう。しかし毎日の仕事に意義が見出せない。マネジャーが高い目標を与えられ四苦八苦する姿に希望が持てない。職場はチームワークより各人がパフォーマンスで動くゆえ、ギスギス感に堪えられない。若い人がそう感じているのも事実である。

こうした事態が悪化し続ける中で、それまでこうした負の部分を打ち消していた利益の成長もリーマンショックで一気に消し飛び、残ったのはいわば焼け野原になった職場だけだったわけだ。

「左脳のマネジメント」の限界

今こそ一度立ち止まって考え直してみる必要がある。減量経営で必死にこらえ、需要が戻ってきたらまた同じしくみを再稼働すべきなのだろうか。同じ論理を持ち出すならば、次の時代は、さらにスリム化、フラット化が進みフレキシブルに雇用をグローバルで調整し、変化対応能力の名の下に、潜在的な不安定要素をますます抱え込む経営に変貌するだろう。仕事はますます辛いものになるだろう。一部の人だけのものになるだろう。しかし、それではいままでの本質的な疑問や反省は生かされない。

本来、仕事はこれほど辛いものであったろうか。もっと楽しいものではなかったろうか。自ら職場で創意工夫を凝らし、顧客や社会のために魅力ある商品やサービスを提供することは、非常にやりがいがあり、ワクワクする行為である。ところがいま、仕事に対するやりがいや喜びが急速に失われているわけだ。

たしかに、成果主義とＭＢＯが期待どおりうまくいけば、成果を挙げればそれだけたくさんの報酬を得られるというモチベーションが与えられ、定期的にレビューしていけば経営目標が必ず実現できるはずであり、会社も社員も株主も顧客も、部下も上司も経営者も、みながウィン－ウィンの関係になるように見えた。

だが、ＭＢＯをベースとした経営がいかに論理的、具体的であっても、そこに働く人の思い、顧客や社会、さらには地球や人類に対する思いがなければ、成果は単なる数字以上のものではなくなってしまう。イノベーションも創造性も、つまるところ株価や利益の手段でしかなくなってしまう。創造性そのものが価値のあるような世界は排除されてしまう。それが中長期的には仕事の虚しさにつながっていく。数字や論理だけ、結果がすべての世界である。これがＭＢＯというツールが確実に機能する世界であり、いわば「左脳のマネジメント」の価値観だ。と同時に、そこに限界がある。人間の思いを扱う余地がない。

今日、経済はグローバル化が急速に進み、企業には絶え間ないイノベーションが要求されるようになっている。短期的に業績を高めたところで、中長期的な成長を確保する土壌がなければどこかで息切れし、グローバル化の波にのまれてレッドオーシャンの血の海の中で泡沫と化してしまうだろう。

「思い」の大切さに気づかず、もしくは気づいたとしても目をそらし、疲弊する現場を抱えながら、MBOの呪縛から逃れられずに短期的な業績向上にひた走ってきたのが、日本企業の姿であった。そしてこの不況下において、さらにその傾向は強まっている。MBOに代表される左脳のマネジメントだけではもはや企業経営は成り立たない。やはり、働く人、一人ひとりの思いのこもったしくみこそがスタートラインだという認識が必要である。

それが「右脳のマネジメント」である。右脳のマネジメントは「思い」がこもっているという意味で、「思いのマネジメント」ということができる。思いのマネジメントはMBOに対置する概念である。それをMBB(Management by Belief)と呼ぶことにしよう。「マネジメント・バイ・ビリーフ」のビリーフは「思い」「信念」の意味である。仕事に自分のうちからほとばしる思いを込め、責任と信念を持って、仲間との信頼感の中で暗黙知を共有し、創造的な仕事に打ち込む。そして仕事本来の喜びを得る。これが右脳のマネジメント、思いのマネジメントである（図表1）。

図表1　左脳のマネジメントと右脳のマネジメント

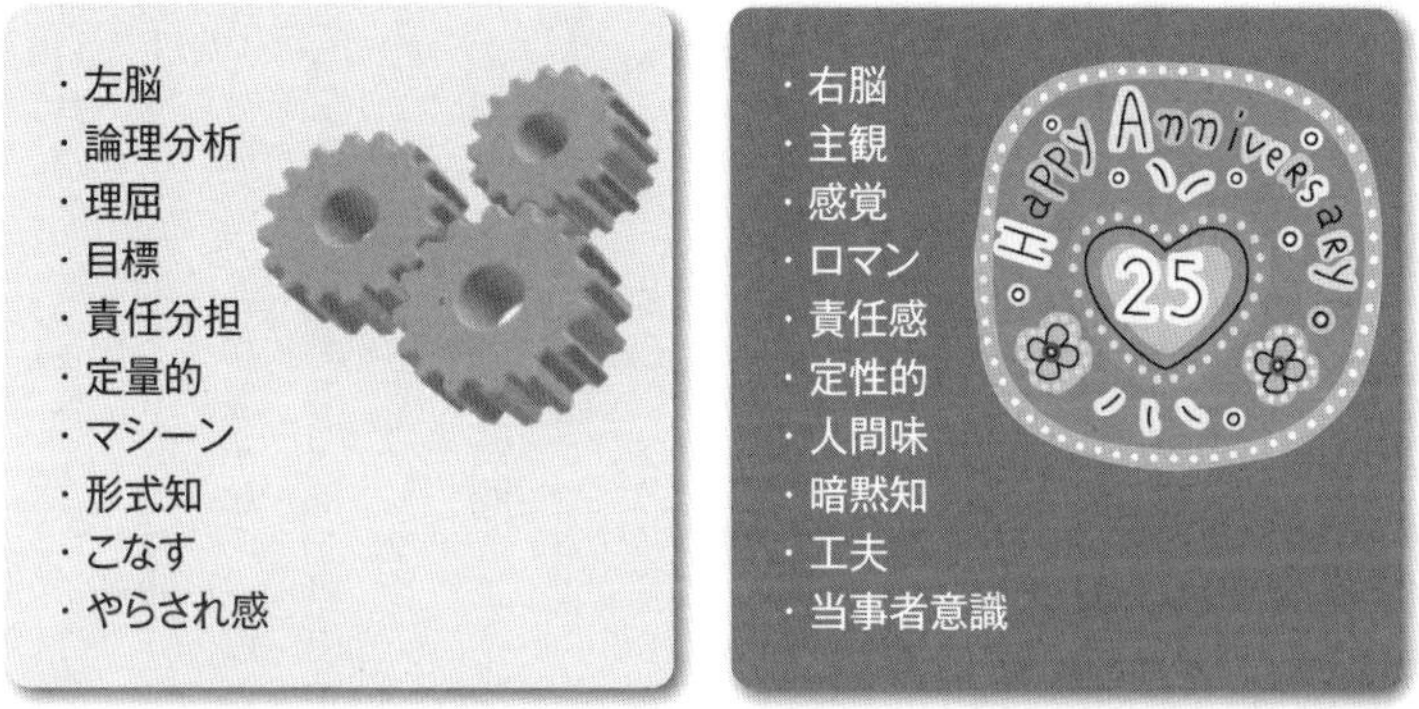

ビジネスモード　　　ストーリーモード

創造的対話をベースとするMBB

ＭＢＢの成り立ちについて触れておこう。

ＭＢＢは、筆者らが「知識創造理論」をベースに、知識創造企業にふさわしい企業の人事マネジメントのしくみや運用はどうあるべきかを検討していく中で育まれたコンセプトであり、経営管理手法である。

ＭＢＢを定義づけると、こうなる。

「会社の目標や組織の背景にある経営陣や上司の思いと、自分自身の仕事やキャリアに対する思いをぶつけ合う『創造的対話』によって、会社にとっても自分にとっても意味のある業務上の目標を見出し、それを設定して、実行していくこと」

この定義を見て、何と面倒なことかと思われる人もいるだろう。たしかに経営陣や上司の思いをあぶり出す一方で、社員一人ひとりも自分の仕事やキャリアの意味を追求することに始まり、双方の思いをぶつけ合うというプロセスは手間と時間とエネルギーを要する作業である。ＭＢＯのように上から下への一方通行で目標を下ろすのとは雲泥の差だ。

経営陣と社員の思いが最初から一致している場合は少ないだろうし、最終的に社員にとっても会社にとっても意味のある目標を見出せない場合もあるだろう。逆に最初から解があって、プロセスはそれを担保するだけのものとしたら、ＭＢＯとなんら変わらなくなってしまう。

たしかにＭＢＢは手間と時間とエネルギーがかかる。だが、実はこれこそ創造的な職場や意欲に燃える人々が実際の現場でやっていることなのである。思いがあればこそ、コミュニケーションで語るべき内容も出てくるし、伝えたくもなる。思いがあればこそ、それをさらに高めるために、がんばる内なるモチベーションも湧き上がってくる。職場が殺伐としてしまうのは、すでに思いがなくなっているからだともいえる。

目標を設定するときに、それがパーソナルな信念や自分が追い求めたいという思いに裏打ちされると、人々は自発的に大きな成果を求めようとする。そのため、ＭＢＢを経営のＯＳに取り込むことによって、ＭＢＯが陥りがちな、やらされ感や疲弊感、目標の矮小化（簡単な目標を設定し、評価をよくしようとする動き）などを避けることが可能になる。カネや待遇などの単なる外因的なモチベーションでカンフル剤を打って、意欲を高めるのでもなく、単なる小手先のイベントによる元気出しでもない。人間の根源的な欲求としてのよりよい成果、創造性、真理の追求というモチベーションへの訴求である。

真理の追求は、利潤追求の企業組織では甘い理想主義かもしれないし、限界があるかもしれない。しかし、あるがままの現実と戦うばかりでなく、真理性を追求しながら目の前の現状を打破していくものこそが、イノベーションの主体であることも事実だ。

私たちは日々の仕事の中で現実的な成果を上げる必要がある。それも大事だ。しかし目の前の現実ばかりを相手にしていては、自分の立ち位置を見失ってしまう。自分がどうしてこの仕事をしているのか、この仕事にどんな意味があるのかがわからなくなり、仕事に夢や希望が持てなくなる。現状を打破するエネルギーも衰弱してしまう。「ゆでガエル現象」のように易きに流れていく。

仕事への思いはとりもなおさず、知をつくっていく創造の原動力である。そして永続的により よい知を求めていく革新のエネルギーの源だ。常にスパイラル的に知識創造のＳＥＣＩモデルを回し、「思い込み」や「独りよがり」は避け、より高質な知、普遍的な価値、真理、真善美、さらには共通善（common good）に向かう必要がある。

それゆえＭＢＢでは、各自が、「自分が何をしたいのか」「何をすべきなのか」「何が正しいと思うのか」といった自分の思い、主観から出発するものの、そこにとどまらずに「主観をぶつけ合う」という規律（discipline）がきわめて重要だ。主観をぶつけ合い、弁証法的により良い解へ向かって、自分の思いを高めていく。他の人の思いも聞き、取り込んでいく。独りよがりではなく、他者と話し合うことでその発想や思いをどんどん膨らませていくことが肝要だ。このような弁証法的な対話が、ＭＢＢのプロセスであり、「創造的対話」と呼ぶものだ。

縦軸と横軸のバランスの回復

職場を活性化し、企業が中長期的な成長を目指そうとするなら、MBOだけでは限界がある。実際に多くの管理職がそう感じ、新たなマネジメントの軸を欲している。

新たなマネジメントの軸となり得るのがMBBである。成果をきちんと追いかけることは大事だ。しかし、一方でその成果の意味を絶えず考え、自分の夢や志を高く持って、そこから本当の成果とは何か、自分なりのWHATを定義することも必要だ。上から与えられた成果目標を目指して、ただ単調に業務をこなしていくようでは、組織に使われてしまう。WHATを見出すためには、やはり「自分が何をしたいのか」、「何をすべきなのか」、「何が正しいと思うのか」といった「主観」こそが大切なのだ。真のリーダーは信念を持って事に当たるが、その背後にあってリーダーを突き動かすのは、論理分析的につくられた資料ではない。また組織や集団も論理分析や理屈だけでは動かない。リーダーが自分の価値観や信条、思いを吐露し、社員がリーダーの本音を感じ、そこに信じられるもの、将来を託せるもの、高い志、ビジョンを見出し、ワクワクしモチベートされてこそ動く。そうなって初めて、自力で考え出す。経営がアートといわれる所以でもある。

これまで主観は、論理分析優先の世の中で、経営の中でまともに扱われず背後に追いやられていた。しかし、WHATの位置づけを高め、考える現場を取り戻すためには、この主観をきちん

図表２ ● 縦軸と横軸

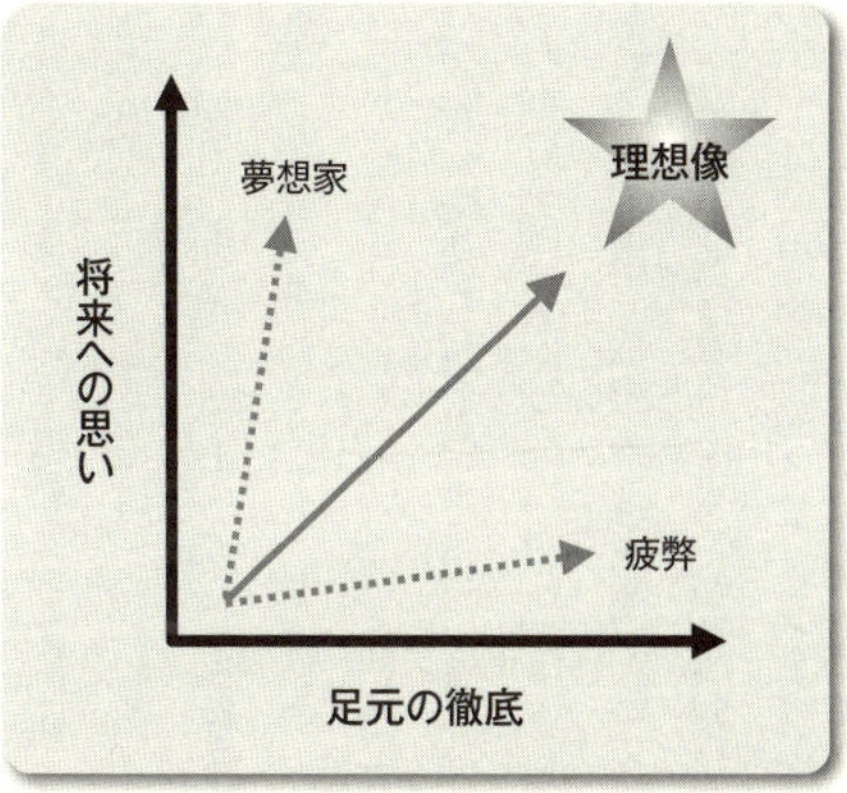

と経営の中に位置づけることが必要だ。このような主観と客観、右脳と左脳、アートとサイエンス、ＷＨＡＴとＨＯＷ、思いと数値目標、このバランスを回復しなくてはならない。

図に表すとこうなる（図表２）。縦軸が主観の軸であり、自分の夢や思いの明確さ、信念やその強さを表す。一方、横軸が客観の軸で、企業の成長目標、数値目標の高さ、ビジネスの競争力である。現在の現場を取り巻く疲弊感、考えない職場化などの諸問題は、この図式でいえば、異常なまでの横軸偏重の結果といえる。みな、いわれたこと、しかも果てしなく続く高い目標を与えられて、縦軸を見失い、疲弊してしまう。したがって、縦軸をどう伸ばすのか。縦軸を伸ばし、横軸とバランスさせ、どう融合させていくのか。これがこれからのマネジメントの大きな課題になる。

キヤノンは終身雇用と成果主義を両立させて

いることで知られている。御手洗冨士夫会長は社長時代、目標数値をつくる際には、必ずその数値目標を達成するストーリー（物語）を語れといっていたという。どのような意図、シナリオが用意される必要があるのか、そこに思いが込められるかを知るためだ。「数字なき物語も、物語なき数字も意味はなく、実行も達成もされないでしょう」と同氏はいう。横軸が数字で、縦軸が物語といえよう。まさに、縦軸と横軸のバランス、融合が課題なのだ。

横軸を徹底的に行うしくみは、全社レベルの経営計画から始まり、個々人の目標にブレークダウンされるＭＢＯあるいはＢＳＣ（Balanced Score Card バランススコアカード）など、豊富なツールによって支えられている。しかし、これをやればやるほど、疲弊感という職場の症状は悪化する。しかし現在、多くの場面で経営に計画性が必要とされる以上（できない場合もあるし、しない方がいい場合もあるのだが）、ＭＢＯに対するバランサー的役割（いや、本当はそれ以上に、仕事の本質を見つめるためのしかけ）が必要だ。それがＭＢＢなのである。

もっとも、このような思いは現実には一朝一夕には見えてこない。私たちの思考や行動は、左脳のマネジメント＝ＭＢＯにすっかり慣れてしまっているからだ。左脳を鍛え上げられたビジネスマンの中では、思いのマネジメントは歯がゆくてすぐには受け入れられないかもしれない。ＭＢＯの思考パターン、行動パターンから脱却するには仕掛けが必要になってくる。それについては、第5章の「ＭＢＢを実践するためのガイド」に譲るとしよう。ここではさらにＭＢＢが必要とされる背景にもう一段踏み込んで、ＭＢＢの意義や役割を捉えていきたい。

日本企業の宝が現場から消失する前に

左脳中心のマネジメントが現場にもたらした新たな慣習がわれわれの職場を蝕み、共同体を崩壊させ、液状化させている。そんな症状を見てみよう。

考えない職場

①トップのビジョンや志の共有がない

経営が発表する中期計画や年度計画、それを個人に落とした目標管理、成果主義を通じて、企業および個人やグループの目標は明確になった。しかし、目標を割り当てられた本人たちは、その目標は「何のために達成するのか」「それにどういう意味があるのか」という疑問を抱えたまま走り出さざるを得ないのが実態だ。目標が高くなればなるほど、「なぜやるのか」「やることにどんな意味があるのか」といった質問が噴出するようになるが、そんなことにはお構いなしだ。なぜか。これらの質問に答えるには、トップのビジョンが明確でなくてはならない。しかし残念ながら、それに答えられる企業経営者は多くはない。依然として、トップのビジョンには霞がかかり、よく見えない状態だ。

ひどいトップになると「今期の目標はこれだから。あとはよろしく」と片づけてしまう。こうなると将来の夢や仕事の意味が語られないまま、社員全員が目の前の仕事の処理に追われることになる。

②目標達成に必要なブレークスルーが話し合われない

成長を継続させ、革新を生み出して新しい世界を描き出し、結果的には株主の期待に応えていくためには、目標をストレッチして高く掲げるのが効果的である。しかし高いハードルを越えようとするとき、そこに夢の要素がなければ、数値のみに終わってしまう。夢の実現に向けたパッションや飛躍が根底にあることが重要だ。一見非合理な高い目標がイノベーションを起こす原動力になりうる。そしてその高い目標には挑戦すべき意味、夢、価値観が裏打ちとしてあれば、みなの共鳴を得ることができる。しかし現状では、ただ、高い目標があるだけだ。夢や志とは無関係に、単に競合との相対主義、さらには数値先行で目標が決まるのであれば、共鳴は得られず、知恵は結集されずブレークスルーは期待できない。

夢や志がなければ、目標を「火事場のバカ力」でその場しのぎ的に突破（「必達」）するしかない。言われたとおり何とかするだけである。本来あるべき姿を描いて、発想を転換し、現在の制約を乗り越えるような諸条件の整備、タブーへの挑戦、長期的な資源の確保などがついてこない。「とにかくやってくれ。もう株主に発表してしまったのだから」という数値目標では、現場はそのつど対症療法で片づけるしかなく、ますます社員は疲弊していく。

③とりあえずこなすムードの蔓延

数値目標だけがあり、夢や志が語られない組織の中にいると、次第に考えることを避けるようになる。そして、単に目の前の課題をひたすら片づけるだけで快感を覚え、本質的な課題を考えたり振り返ったりしなくなる。心の中にモヤモヤとしたものを抱えてはいるが、忙しさの中に埋没してしまう。

「とりあえず」

そんな言葉が職場に蔓延する。

上司に相談しても、帰ってくる言葉はうつろだ。

「オレもそこまで深く考えているわけじゃないから」

「できる範囲でいいから、適当にやってよ」

こんな言葉に部下は気持ちがなえてしまう。そのうち上司との真剣な対話もなくなる。こうして形だけを取りつくろい、成果主義の評価をクリアするためだけに数値目標を達成しようとする、刹那的な文化が形成されていく。

①〜③はバラバラに起きるのではなく、むしろ同時に職場の中で見られる現象である。トップ

のビジョンや志の共有がなく、目標達成に必要なブレークスルーが話し合われず、とりあえずこなすムードが蔓延する職場。そんな現場では、人々は大きなビジョンや志を持ち得ず、また会社としてどうするべきかという広い視野や判断力も生まれてこないのが通例である。

すると、とにかく目の前の課題に集中し、余計なことには手を出さない組織文化が醸成されてしまう。そこに属する構成員は、思考も行動もどんどん狭く浅くなっていく。新しいことには、「とりあえず」手は出さない。その後がどうなるか怖くて（自分に仕事が降りかかってくるかもしれない！）手を出せない。筆者らはそういう人を「粒々族《ツブツブ》」と呼んでいる。スケールの大きな思いもなく、いわれたことを片づける人のことである。新しいことに挑戦したり、ルーティンワークとは違った経験をどんどん積んでいかないと、人は知らず知らずのうちに粒々族になってしまうのである。

職場を見渡してみると、最近やけに粒々族が増えているという感覚を持たないだろうか。

こうなると本質的課題への思考は停止し、自分の仕事にとどまらずに会社全体を見渡しての大きな意味での当事者意識も薄れていく。個々人は職場の殻の中に閉じこもり、自分の責任範囲内においてのみ仕事をこなすようになる。そこに本音の議論は起きず、単に周囲を見て批評したり批判するだけの傍観者のみが存在するようになる。野党ばかりで責任政党がいない状態に等しい。信頼関係は薄らぎ、職場のコミュニティも崩壊していく。

従来型の管理手法が液状化を促進

世間を騒がせている企業不祥事はその温床から浮き上がる氷山の一角にすぎない。その下で、組織の液状化、職場コミュニティの崩壊が急速に進んでいるわけだ。

それにもかかわらず経営プロセスやマネジメントのツールはまったく対応できていない。従来からの経営計画、戦略立案、ＢＳＣ、ＭＢＯ、各種の企業価値算出ツール、合理的意思決定手法、ロジカルシンキングなどが連綿と続き、さらに収益力アップのための論理的合理的ツールの開発、ＩＴ化で磨きをかけようとしている。

株主重視の傾向が強まりつつある中で、大事な株主を裏切らないためには、成長を維持する戦略をいっそう綿密に立て、それを明示し、もちろん計画どおり実行する必要がある。企業にも社員にもますます論理的分析能力が期待され、ロジカル思考や合理的意思決定手法の重要性が高まってきた。個々人が論理的合理的な目標を掲げ、予定調和的な手段を明確に決め、粛々と実行し、株主に約束した利益を出す必須の道具なわけだ。マネジャーに対しては、その一連のプロセスを齟齬《そご》なく進行させるため因果関係を分析する能力が必須の要素とされている。

しかし、先に示してきた時代の大きな流れと人間性の回復の叫びの中で、こうした本質を無視した経営スキル強化の傾向には、死に馬のたとえがよく当てはまる。自分の乗っている馬が死に馬だとわかったら、さっさと降りるのが正解なのに、われわれは乗り続ける方法を探す傾向がある。

・乗り手を変えて乗り続ける
・もっと硬いムチを使う
・それでも「これがいままでのやり方だ」とこだわる
・その馬を調査する委員会を設置する
・死んでいる馬の乗り方がわかるサイトを探す
・死んでいる馬に乗るために新たな手法を開発する
・死んでいる馬を生き返らせるために最優秀の人材を投入する
・死んでいる馬でも乗れるスキルをアップする研修を導入する
・死んでいる馬同士を比較して、まだ大丈夫だと納得する
・要件を変えて、死の基準を満たしていないと主張する
・コンサルタントを雇って、死んでいる馬の活用法を提案してもらう

などなど。われわれは現状を省みず、その維持のためには、現実を直視しないあらゆる知恵を動員するものだ。

ＭＢＯはいまや経営目標を個々人にブレークダウンするだけのツールとして、その本質を捉えられないまま、その他多くの左脳のマネジメントツールとともに、精緻化が図られている。いまこそ死に馬から降り、流れを変えなくてはならないときなのではないだろうか。

実際、ピーター・ドラッカーが１９５０年代にＭＢＯを提唱したのは、個々の作業を社員にバラバラに指示し押しつける、その当時のマネジメント慣行を変えるのが目的だった。すなわち、

ドラッカーが当初意図したのは、個々人が会社全体への貢献を目指し、自主的に目標を持ち、自らそのプロセスを管理することで働きがいを見出しながら、同時に企業業績の達成を果たすことであり、それがＭＢＯの真意であったはずだ。それゆえ、ＭＢＯはもともとは、Management by Objectives and Self Control であったのだ。それがいつしか、前半部分だけとなり、企業目標のブレークダウンと進捗管理のための「業績管理プロセス」の側面ばかりが強調され、左脳のマネジメントツールの代表格になってしまった。

いま一度、ＭＢＯの原点に立ち返り、自社のＭＢＯがどんな状態になっているかを省みるのはおおいに意義のあることであろう。ドラッカーが考えたように、個人が自主的に目標を持ち、自らそのプロセスを管理しながら会社全体への貢献を目指しているだろうか。

この一五年間、企業は目を見張るような改革の中を突き進んできた。しかし、上記のような改革は万能薬というわけにはいかなかった。もちろん、だからといって過去に戻ることもできない。これまで日本企業が温存してきた「内輪の論理」「なあなあの関係」「顧客不在の官僚的なしくみ」、こういったものは遅かれ早かれ断ち切らなくてはならなかった。それゆえ改革を全面的に否定することはできない。

しかし、改革によってわれわれが失いつつあるものにも目を向ける必要がある。それは高い目標に向かって、価値を創造していくために失ってはいけないものだ。

すなわち、職場での信頼関係やケア、社会的な包摂、長期的なものの見方、ゆとりといった創造を育む信頼の文化である。また、幅広い経験や学習をしながら、その積み重ねを大切にする継続的なマネジメントスタイルや人材育成である。これはとりもなおさず、高質な知を育てる環境だ。

最近の現場では、こうした面が失われてしまった。この状況を放置しておくわけにはいかないだろう。なぜなら、これらの要素は、うわべの価値や単年度の数値目標とは違い、高い目標や真の価値創造を行っていく、いわゆる知識創造の経営には不可欠なものであるからだ。

こうしている間にも、かつての日本企業が知らず知らずの間に組織の中に蓄えてきた宝が薄れつつある。それが取り返しのつかない状態になる前に、経営の人間的側面に光を当てるマネジメントプロセスを再構築する必要があるだろう。株主価値を持ち出すことでトップのビジョンや社員一人ひとりの思いとは関係なく、ただひたすらに数値を追いかける株主至上主義という虚構性に惑わされぬようにしよう。いまこそ、数値的側面に振れ過ぎた経営の振り子のバランスを戻して、知を創造する人や組織、職場や企業を考え直さなければいけないときにある。

数値と左脳に振れ過ぎた振り子を戻し、知を創造する経営手法を一刻も早くビルトインしていくことが重要である。今回の不況を耐えることで乗り切るだけではなく、次代を創造するチャンスとして捉え、この先の知識創造環境を構築する準備をすべきときなのだ。その中核となる経営のＯＳこそがＭＢＢ（「思い」のマネジメント）であり、それを実践するＭＢＢ経営なのである。そして、その「思い」は個人の夢や希望から出発し、磨かれることによって、ブレークスルーやイノベーションの源泉になる。さらに社会的な問題や世界的な課題へとわれわれの意識やビジョンを広げていく素地がそこにはある。数字だけからは出てこない世界だ。

フロネティック・リーダーシップを発揮する

われわれは、ＭＢＢを実践するリーダーシップの究極の姿をフロネティック・リーダーシップに置く。古代ギリシアの哲学者アリストテレスは知を三つの観点から考察した。それはテクネー（つまりテクノロジー、技術）、エピステーメー（つまりエピステモロジー、認識）、そしてフロネシスである。この中でフロネシスとは、賢慮（Prudence）、実践的知恵（Practical Wisdom）ないし実践合理性（Practical Reason）と翻訳されている。つまりフロネシス（phronesis）とは、価値・倫理の思慮分別を持って、個別のそのつどのコンテクスト（文脈）のプロセスで、最適な判断・行為ができる実践的知恵（高質の暗黙知）である。

アリストテレスがこのフロネシスの要素を重視したのは、どんなにすばらしい技術を駆使し、正しい認識に基づいていても、それが人類全体の善（共通善）に貢献しないのであれば知ではあり得ないと考えたからである。ＭＢＢの根幹をなす思いやビリーフとは当然、人類全体の善に貢献する倫理観の高いビリーフに連なっていなければならない。したがってＭＢＢを実践するリーダーシップを、われわれはフロネティック・リーダーシップと定義するのである。

かつて、ビッグスリーがマスキー法という厳しい排出ガス規制に対して、負担コストの大きさを理由に政治的にその遅延を画策したのに対して、ホンダは真っ先にCVCCエンジンの開発に飛び込んだ。ホンダはそもそも法規制を守るためにCVCCエンジンの開発したのではなかった。そもそも環境への負荷を最小限にするために法があろうが無かろうが正しいことを追求したのだった。この姿勢が、まさにこのフロネティック・リーダーシップに他ならない。

いま、われわれは大きな転換期に直面している。リーマンショックを契機にわれわれは企業の使命とは何か、企業をリードするリーダーに求められる能力とは何か、改めて再考を迫られている。しかしわれわれに許される時間は短い。世界が直面する重要問題、いわゆるグローバル・ビッグ・イシューの解決が急務であり、社会全体の善を考えるリーダーなしにはそれは実現できないからである。世界は新しいリーダーシップを求めている。それをわれわれはフロネティック・リーダーシップに見出している。そしてフロネティック・リーダーシップを発揮するマネジメントがMBBなのである。

第2章

ＭＢＢが個人にもたらす価値
——仕事の喜び、自己実現

イノベーションの根幹にある「思い」

数値優先の中で失われる個人の主体性

第1章では、数値と左脳に振れ過ぎたマネジメントをもう一度逆に振り戻すカギを握るのがMBB＝「思い」のマネジメントであることを提示した。

MBBの始まりは個人の思いにある。そこで第2章では、個人にとってMBBがどのような価値を持ち得るのか、さらにどのような条件の中で、自分の思いが組織の思い、企業のビジョンとつながっていくのかを事例を交えて見ていこう。

まず、数値優先の短期志向の経営に振り回されないための基本は、自分自身にあることを再確認しよう。

逆説的な話になるが、数値優先、成果主義で評価する現代の経営において、問題が生じがちなのはどうしてだろうか。その問題を煎じつめてみるに、さまざまな決断の一つひとつにおいて、本当はだれが責任を負っているのかが曖昧になってしまっているからではなかろうか。

企業や組織はそれそのものとして存在するものではない。企業とて社員の集合体であり、社員個々人の関係性の中で組織は成立している。社員もそれぞれの思いを持ち、自分の判断に従って決定し、行動している。ところが組織が決定を下した瞬間に、その決定から関係者の顔は抜け落ち、いったいだれがその責任を有しているかが非常に見えにくくなる。決定が一人歩きし、社員はその決定をお上のルールとして、無批判に前提として受け入れてしまう。組織や決定事項の中に個人が埋没してしまっている。そこに数値優先、成果主義の問題点がある。

人間は本来、主体性を持った独立した個である。独立した個が一人では達成できないことを、お互いに協力し合って成し遂げるところに組織の目的、意義がある。しかし、いまの組織では組織活動の基本前提条件となるべき個の主体性が失われている。たとえ途方もない目標が設定されようとも、社員は組織の決定として、動かし難いもののごとく思い込み、それをやり遂げようとする。あたかも亡霊に抗えないかのように、みなが被害者然としてやり切ろうとして疲弊してしまう。しかし、そのような決定でさえ、しょせんは個々人のあまり合理的とはいえない意思決定過程で生じた産物だ。

それでも、組織の決定として、目標値に振り回され、受け身の姿勢で、「とりあえず」やっていくだけだ。そこに主体性はない。コミットメントもなかなか生まれてこない。そもそもコミットメントは他者から強制されるものではない。何が何でもやりたいという思いがあるからこそ、コミットできるのである。

たとえ主体性のある個人がいたとしても、組織の中にそのような人材は通常は多くはなく、異端児か辺境の異能者になってしまい、組織力にはなりにくい。また、液状化した信頼関係の薄い組織では、たとえ組織の中でだれかが問題点に気づいたとしても、上司や周囲に反対意見を述べることは困難だ。どのようなしっぺ返しがくるのか予測がつかない。上司や周囲にわかってもらえると思ったり、あるいは信頼関係がある場合に、われわれはあえて反対意見を述べるからである。

また、何か違和感がある、おかしいのではないか、と感じる場合も多いだろうが、感じるだけでは、反対意見としてまとまった意見がいいにくい。いまのやり方に対して、自分の中に代案や違う構想が十分備わっていないからである。代案を練り上げる暇がないほどに、自分の目の前には仕事が山積みになってたまっている。

問題に気がつきながらも、それを提示し、職場で議論する余裕はまったくない。現場でいわれるのは「ただ、ひたすらやれ」ということだ。すると本当に重要なことが考えられなくなっていく。

その仕事や決定に対して、

「いったい、どんな意味があるのか」

「なぜ、すべきなのか」

「何を目指しているのか」

「本当にやるべきことは何か」

「何を変えないとできないのか」

といった疑問を封じる習慣、隠ぺい体質が現場に形成されていく。疑問について職場では議論されないし、上から納得のいく説明がなされることもない。こうして現場では個々の社員の主体性、自律性、思考力が奪われていく。

最初にすべきは「個」を取り戻す作業——Remember who you are.

人間の人間たるゆえんは、思索を重ねながら進化するところにある。創造し、革新を生み出すのが人間本来の姿だ。人々が自分に宿った創造性を信じ、組織、会社、社会に最大限の貢献をしようと、進んで努力する中で人間本来の使命が達成されるか。それこそ「高質な自己実現」である。

本章で実践知①として紹介するドイツの自動車メーカー、アウディのデザイナーは、「本当にやるべきこと」を深く考え、日本の自動車メーカーから転職した。そこには、自分の創造性を信じ、社会に貢献しようとする人間本来の姿がよく表れている。

そもそも企業が「動機づけ」と称して、社員の創造性を引っ張り出そうとするのは間違っている。むしろマネジメントは、もともと人が備えている創造性が解き放たれるように支援しなければならない。

あらゆる企業活動の始まりは「個」である。問題解決を急ぐあまり、そこを見失っていないだろうか。企業は傲慢さを反省し、まず社員が自分自身を取り戻すところから始める必要があるだろう。個の主体性の確立、問題解決の糸口はそこに尽きるのである。

社員が個の主体性を取り戻したならば、そこで初めて次の段階に進むことができる。今度は他者との関係性である。自立した個人が他者とどのような創造的な関係性を結べるのかを考えられるように促してみよう。そのときこそ、創造的で本来的な組織活動が生まれるはずだ。

そういう意味で、企業が真っ先に取り組むべきは、社員一人ひとりに夢やビジョンを描かせることだ。そして、自分の夢やビジョンをさらに高めながら実現するにはどのようなプロセスや手法が必要なのか、どういう仲間が必要なのかを考え、議論するのである。もし会社が示すビジョンに対して個人が共鳴できれば、会社のビジョンの実現こそが個人の自己実現と重なってくる。だからビジョンを実現するために努力しようという気持ちが心底から湧いてくるのである。

個人が夢やビジョンを語り、会社もビジョンを示すことで、個人間もしくは個人と会社との間で議論を重ね、また思考を深め、各自が自分なりに仕事の意味を見出し、心に火をつける。創造や革新への意欲を湧き立たせ、自分なりのビジョンを体系化し、ひいては成果主義に振り回されない固い意志を育てていくことが可能になる。

実践知②では、会社のビジョンに共鳴し、組織の中で高質な自己実現を図ろうとしている女性マネジャーを取り上げる。そこには、やらされ感のない喜びにあふれるワークスタイルが浮かび上がってくる。常にRemember who you areの姿勢を保っている。

論理分析的思考からイノベーションは生まれない

経営において個人の思いを重視する考え方は、人間や企業をどう見るかという基本的な人間観、経営観に通じる問題でもある。つまり、人間や企業を「作業工数」「金儲けの手段」と見るのか、それとも「自ら考え、知を創造していく主体」として捉えるかである。

ビジョンを抱き、仕事に対して自分なりの意味づけをし、信念と価値観を持って、仕事を通じて実現したい夢に向かっている個人。「自分はいったい何を目指したいのか」というイメージを抱いて仕事に向き合っている個人。こうした「思いを持つ」個人を想定するマネジメントの考え方がMBBである。

逆に、思いの存在を考慮せず、人間を経営の一資源、モノとして扱う経営の考え方では、個人は、ビジョンもなく、何の思想も入れ込まずに、単なる「いわれた作業」、「決められた作業」を繰り返す存在として扱う。行き着く先は、知の貧困化、精神の貧困化である。こうして不祥事の温床が築かれる。

企業の役割を「知を創造する組織」として見る知識創造理論においては、社員は単なる作業工数の単位ではなく、知を創造する主体である。知とは「正当化された真なる信念」と定義され、個人の思いをベースに、絶えずより普遍的な真理へ向かうプロセスに支えられている。個人の思い、主観が、知識の出発点なのである。「こうなのではないか」「こうしたい」「こうありたい」「これが真実ではないか」という個人の思い、ビジョン、問題意識、仮説、あるいは夢が、知の創造のスタートラインなのである。それゆえ、大切になるのが知識の根幹をなす「主観」である。

知識とは、自分の主観的な思索を掘り下げていくことで炙り出されるものを、さらに検証することによって、はじめて正当化され、客観化され、こうして真実により一歩近づいた知が創造される。この繰り返しの中で、普遍的に価値のあるものが創造されていく。その背後には執拗にその真理に向かうプロセスをドライブする思いが必要なのである。

これが、MBBが個人の思いを重要視するゆえんであり、MBB的な人間観の前提である。人間や企業を、知を創造する主体とみなすならば、「自分はいったい何をやりたいのか」「何が正しいと思うのか」「いま何をすべきなのか」——こうしたことが経営の原点になる。

こうした問いかけは論理や分析から出てくるものではない。論理的に正しい、理屈でいうとそうなる、ということだけでは人は動かない。真に企業を成長させる改革やイノベーションは、知を創造する組織成員の思いの果実である。

逆に、論理分析偏重になると、上から降りてきた目標はきちんと分析されていて正しいはずだと勝手に解釈（誤解）し、人間の感情は消え、主体的に考えることを放棄し、自分の責任範囲に引きこもり、受け身に回る。

「思い」というものは多分に主観的なものである。現代の論理分析優先の世の中にあっては、主観は非論理的なものであると考えられ、論理的なものの背後に追いやられる。しかし、自ら考える主体的な現場を取り戻すためには、主観を持つという習慣をきちんと経営の中に位置づけることが重要である。

いまやオフィスアイテムとして欠かせない3Mの「ポスト・イット」も、研究開発者の「思い」がなければこの世に出てこなかった。

1969年に3Mの研究所の研究者であったスペンサー・シルバーは、よくつくけれど簡単にはがれる、これまでにない奇妙な接着剤をつくり出してしまった。これが何かにうまく活用できるに違いないと思ったシルバーは会社中を回って見本を配り、新しい用途がないだろうかと聞いて回った。最初は相手にされなかったが、五年後に製品事業部の研究者アート・フライが偶然その用途を見出し、製品化に漕ぎ出す。もちろん新機能の製品は従来の方法では完成せず、たいへんな困難を伴った。

フライは自ら製造装置を開発し、簡単なものならだれでもまねできるだろうが、これだけ困難なものならば他社にはまねができないはずだ、という信念を抱きながら製品化に一歩一歩近づいていったのである。

トヨタ「プリウス」のハイブリッド・システムにしても、論理的な分析のみに終始すれば誕生しなかっただろう。当初、新規開発の対象をガソリン直噴エンジンにしようと考えていた開発チームに対し、トップが、従来の「一・五倍ではなく二倍の燃費効率の改善に挑戦しよう」と思いをぶつけたからこそ、開発チームはハイブリッド・システムを選択したのである。

同様に、ホンダが客観的な発想や論理思考に支配されていれば、世界で初めて乗用車をベースとした背の低いミニバン「オデッセイ」はこの世に出ていなかったであろう。なぜならばオデッセイは、天井の低い狭山工場でもつくれるという過酷な条件の中であきらめずに格闘した結果生み出されてきたものだからだ。本田宗一郎は、創造とは「苦し紛れの知恵」だという。思いに食らいつき、何とか工夫し尽くすことからブレークスルーは生まれるという。決して論理分析だけからは出てこないしろものだ。

このように、イノベーションといわれる数々の製品は、強い「思い」がスタートラインにあり、そこから生まれている。それゆえに、自らの「思い」を育み、思いを仕事のベースにすることが、知を創造する組織を生み出す要諦となる。そしてそれが、やっつけ仕事ではない、「思いを込めたていねいな仕事」、「極める価値のある仕事」につながっていく。

大きな夢や志を描き、自分たちらしい「思い」を込めた創意工夫や努力が必要だと諌め、いまの苦境から脱するためにも再度原点に立ち返って、ＭＢＢを実践していってほしい。

高質な「思い」を持つ集団

「思い」の質が問題

これまで一口に「思い」と表現してきたが、当然、思いにもさまざまある。やはり「良質な思い」でなければ、よりよい価値は達成されないし、達成する意味にも欠ける。そこでもう少し思いの「レベル」や「質」について考えてみよう。

個人が持つ思いにはいろいろな「レベル」がある。自分の人生への思い、会社への思い、仕事への思いなどさまざまだ。

自分の人生への思いならば、「人生観」であったり、「人生の夢」であったりする。一方、会社への思いとなると、それは「会社をこうしたい」「会社でこんなことを実現したい」「こんなキャリアを達成したい」「会社とはこう付き合いたい」ということになる。「会社観」「職業観」などである。また、仕事への思いであれば、「いまの担当業務や専門分野に関する夢」「こんな仲間の職場にしたい、働きたい」ということになる。「今年の抱負」は仕事への思いを端的に表す。

これら、さまざまなレベルの思いが交差しながら、いまの仕事に対して自分の打ち込みたい思いが明確になってくる。さまざまな思いを持つことで、自分の人生全体が豊かになっていく。

場合によっては、いまの仕事では自分がその会社で果たしたい思いが見出せないこともあろう。一時的には、次なる仕事に自分の思いの実現を託していることがあるかもしれない。そうであったとしても、いまの仕事に思いを持って真剣に取り組む中で、上位のレベル（会社や人生）の思いが育まれることも多い。

こうしたレベルとともに、思いには「質」も大切だ。

自分が勝手に、独りよがりの思いを持っていても、それは知識経営にはつながらない。他者と交流する中で知を交差させ、ぶつけ合って、組織的に知識を正当化して、より高質な知識を生み出していくことが重要である。そのためには、最初は自分一人の思いに出発点があるとしても、それを他者と共有し、切磋琢磨し、組織的な思いとして磨き上げるプロセスが重要だ。

これを、組織による「思いの正当化」という。個人に出発点を持つ思いが、より大きな文脈の中で正当化されるにつれ、思いは高質化していく。それは、一人の思いがより広い関係性の中で、多くの人々に共感され、共有されていくことを意味する。

「月へ人間を送り込みたい」――それは最初、米国大統領、ジョン・F・ケネディの個人的な思いだったかもしれないが、やがてそれは強いアメリカ、人類の挑戦という文脈の中で、アメリカ国民全体の思いとして共有されていった。仕事の思いも、それが自分個人の利益や狭い範囲の損得だけの思いにとどまっていては多くの人にその文脈は共有されず、だれも共鳴しない。そのような場合の個人は「変わり者」「独りよがり」と呼ばれてしまう。

思いというものは、さらに組織を超えて社会レベルでも正当化されないといけない。自社の利益のみを徹底的に追求するような思いであれば、社会的には認められることはない。

その点で、実践知③で登場するユナイテッド・シネマの社長は、単に収益回復だけを狙うのではなく、広い文脈を設定（組織づくり、産業再生など）し、時間をかけながら、多くの社員や地域を巻き込み、思いの正当化・共有に心を砕いている。

より高質な思いであるためには、より広く高い正当化の基準に耐えるものでなければならない。そして、より普遍的な「共通善」に貢献していくものである必要がある。そのような高質な思いであるためには、下記のような観点が重要である。

①正義、普遍性、グローバル性を持っているか。人類としての共通の真善美などの価値観にそむかないものであるか。

②どこまでより大きな枠組みに貢献しているか。地球、人類、世界、国、地域社会、会社、部、課、チームなど。

③自分の生き方や人生観に根差しているか。どれだけ自分の価値観に深く根差した強固なものであるか。困難に出会っても揺るがず情熱を傾けられるものか。

④本質的な、新しい価値創造に貢献するか。現在の問題の本質を突き、問題の解消につながっているか。

⑤明るく、前向きで、発展性があるか。より多くの人々にとって、ワクワクするより良い社会

像を目指しているか。

これらが、個人が抱いている思いを高質化する条件である。高質な思いであれば、それに共感する人が出てくる。こうして思いの正当化がなされていく。

高い志を持つメリット

高質な「思い」を持った社員のいる会社はパフォーマンスが高い。思いを持った人がどれだけいるか、それが企業の力を左右する。これからは、思いのある人材を育て、彼らが思いを闘わせながら真剣に議論し、切磋琢磨され共有化された思いを真摯に実行する組織でないと生き残れない。では、思いを持った組織の強さの基盤はどこにあるのか。

①自律自走型で、あきらめないプロデューサー型社員の誕生

思いを明確に持って仕事に臨む社員は、会社にいわれてから動き出すのではなく、自分の課題として問題を意識しており、自発的に挑戦していく。会社の内外で「シャドーワーク」を率先して実践し、高い目標を掲げて、壁を突破していこうという強いドライブを自分の内部に持っている。まさに内因的モチベーションの高い人材といえる。

ちなみに、シャドーワークは通常の業務や意思決定プロセスから外れた、個人の自主的な意思と裁量による創造的な活動（仕事）のことだ。質の高いシャドーワークを実践すれば、社員は生

き生きとし、組織もクリエイティブに動かし続けることができる（詳細は『シャドーワーク　知識創造を促す組織戦略』東洋経済新報社を参照）。

思いを持つ社員が多ければ多いほど、社員一人ひとりが自ら企画し実践する俊敏な組織が誕生する。

②行動・体験・実践重視
思いを持った社員は、その思いを達成するために行動を起こす。また、そもそも思いそのものが行動や体験を通じた気づきによって引き起こされるものであるため、思いのある社員は行動重視の特徴を持っている。口先だけではない本物の思いとは、考えや夢のように抽象的でありながら、一方できわめて行動的・実践的なのである。それゆえ、思いのある社員を持つ組織は、アクティブで、探索や実験を好む傾向がある。つまり組織自体が活発に試行錯誤し、いまある壁をブレークスルーしようとする性格を持つ。

③考える組織、常識を疑う組織、コンプライアンス志向の組織
思いを持つとは、自分なりの価値観、問題意識、テーマを持っているということである。だから、思いを持つ人は、「会社がいっているから」「上司がいっているから」「ルールがそうなっているから」といった受け身の判断では満足しない。特に自分の関心領域の場合はそれが顕著だ。これこそ、考える組織の基本である。

「本当にそうなのか」「世間はそうかもしれないが、本当にそれでいいのか」「自分勝手ではなく、社会の要請に応えているか」——思いを持った社員はこうした問いを繰り返す。そこには社会の期待に適合するためのプロセスが内包されているので、個人レベルで真のコンプライアンス経営が実現する。こうした個人が集まる組織では不祥事は起こりにくい。

④自ら枠を壊し横串で仕事を改革する大きな当事者意識

企業の数々の不祥事を分析していくと、官僚的な組織の存在が見えてくる。官僚的な組織の特徴は、「前例がない」「自分の仕事ではありません」「いま片づけなくてもそのうち何とかなるでしょう」といった革新回避型、受動型、問題の先延ばし型の傾向が見られることにある。

しかし、思いを持った社員は決してこのような状態に満足しない。なぜなら、自分の思いをベースにして、現状を変え、より高質な目標を目指そうとするからである。高質な思いのある社員の行動や判断にはきわめて柔軟な広がりがある。必ずしも、いまの役割・責任をベースにした仕事の捉え方をしない。粒々族ではない。それゆえ、思いを持った社員が多くなると自然と変革型の組織になっていく。たとえば、顧客が困っていることは、担当だろうがなかろうがすぐに自分も責任を持って解決しないといけないといった志向性が生まれる。

また、より大きな思いのある社員は常に自分が組織の中で働く存在意義（ミッション）を意識しているため、さまざまな問題も組織全体レベルで考えることができる。たいていの場合、諸々の部門が協力して組織のミッションを達成するのだから、どこかの部門に問題があるとミッションが達成できなくなり、それは自分のミッションの実現をも困難にすると知っているからである。だからこそ、別の事業部に対して常に関心を払う態度が身につく。おせっかいも気にはしない。むしろ見て見ぬ振りをしたり、自分の庭先だけを掃くような態度を嫌う。

「それは自分の仕事ではない」「それは他部門の問題だ」――こうした官僚的な性質とは正反対であり、別の事業部の業績が悪ければ自分も危機感を持つし、問題の解決に貢献したいと強く思う。仕事を大局的に見て成果を出す人間はそんな見方のできるものだ。

このような強い思いを持つ人のマネジメントはたいへんだと思う人もいるだろう。たしかに、それ相応の難しさもあろう。とくにトップや管理職に思いのない人がいる場合はなおさらだ。

しかし、思いのある人がたくさんいる組織は高い目標を持って、困難に打ち勝っていける組織だ。私たちはいま、グローバル化の中でますます激しくなる競争を勝ち抜いていかねばならない。思いが強くなければ、世界に自分を発信し、影響力を行使し、自分の目標をめがけて困難を突破し荒波を乗り切ることはできないであろう。

ここで、もう一度思い出してみよう。数値に振れ過ぎた経営のバランスを取り戻すＭＢＢの原点は個人の思いであった。これから紹介する実践例は、自分の強い「思い」を持ち、自分の個を組織の中で生かし、常に「Remember who you are」を忘れない人々だ。三つの実践知を通じて、個人の思いの大切さを考えてみてもらいたい。

実践知――❶

「美しいものは人を幸せにする」

――職人型デザイナーの「思い」の源泉

和田智

SWdesignTOKYO代表／
アウディ・デザインパートナー
（前アウディデザイン・シニアデザイナー兼クリエイティブマネージャー）

ドイツの高級車ブランド、アウディをデザインしてきた日本人デザイナーがいる。1961年生まれの和田智氏である。

和田氏は武蔵野美術大学を卒業し、日産自動車デザイン部に入社、1989年に社命にてRCA（英国ロイヤル・カレッジ・オブ・アート）へ留学する。日産で多くの作品を手がけた後、1998年にアウディに入社する。ショーカーとして2001年のIAA（フランクフルト国際自動車ショー）で「アウディ・アバンティシモ」、2003年のデトロイトで「アウディ・パイクスピーク　クワトロ」を手掛けながら、現行の「A6」「Q7」「A5」のエクステリアデザインを担当した。

「線を引くこと、面を創造することならだれにも負けない意識で仕事をしている」と和田氏はいう。

和田氏が日本を飛び出しアウディで仕事をするに至ったのは、デザイナーとしての強い思いが根底にあったからだ。では和田氏の「思い」とは何か。

学生時代に見た真っ赤な「クワトロ」

和田氏は子供のころから工業デザイナーになる夢を抱いていたわけではない。プロダクトデザイナーの道の入り口は一枚の絵だった。

「高校時代、美術の時間にたまたま描いた絵を、私も知らないうちに美術の先生が全国のコンテストに出したのです。それで金賞をもらったら、美術の先生が『プロダクトデザイナーという職業がある』といって、芸大、美大への進学を勧めてくれたのです。それまでは建築家志望でした。金賞をもらった絵は、宇宙、地球、人の手が出てくる、夢で見た空想の世界です。いまでもそうですが、私の場合、大体は夢の中でデザインをしています。アウディＡ６のフェンダーのラインを決めたのも夢の中でした。最後のラインが決められなくて悩んでいました。そんな時、風邪をひき熱を出して寝ていて、流れ出るような三次元的な真っ赤なラインを夢で見ました、翌日、そのイメージでラインを決めました。冗談ではありませんよ。アイデアがいつ来るかわからないので、寝るときは枕元にスケッチブックと鉛筆は必ず置いています」

夢に現れた絵が工業デザイナーの仕事に和田氏を誘った。

工業デザイナーの中でも、自動車のデザイナーになることになった発端は学生時代のアルバイトにあった。和田氏が輸入車ディーラーのヤナセでディスプレイデザインのアルバイトをしているとき、真っ赤な「アウディクワトロ」が入ってきた。自動車史に歴史を刻む一台となったフルタイム4WDクワトロスポーツである。和田氏はそのとき鮮烈な印象を受けている。

「ファンクショナルデザインでありながらスパルタン——オーラの塊だった」

和田氏はクワトロのポスターを部屋に飾り、それが憧れの対象となった。後にアウディのデザイナーとなる伏線ではあるが、そのときに本当にそうなるなどだれが想像したであろうか。MBBのベースとなる個人の思いはいろいろな形で生まれる。しかし和田氏のように強烈な出会いと印象が原体験となり、後々の思いの核となるケースは多い。

日産自動車、そしてRCAへ

和田氏は大学三年のときに日産自動車に実習に赴く。実習といっても、事実上はデザイナーの採用試験のようなものだ。当時はさまざまな美術、芸術系の大学からデザイナー志望の学生が五〇人ほど来て、そのうち六～七人が選ばれた。

和田氏もその場を通じて日産自動車にエクステリアデザイナーとして採用される。入社するやいなや初代「セフィーロ」、初代「プレセア」など新人として大活躍。後にその功績が認められ、RCA（英国ロイヤル・カレッジ・オブ・アート）に二年間留学する機会が与えられた。RCAは世界で唯一、デザインと芸術を専門とする美術大学大学院だ。世界各国から博士号を取るために、また現役のデザイナーがもう一度勉強をするためにロンドンにやってくる。

思いを育み、正当化して形づくっていくためには、自分の殻を破り、国境を越え、異文化の人々や組織と交流することが大切である。その意味で和田氏は早いうちからそれを経験していたことになる。

「RCAは造形力や経験、哲学、文化、国民性までひっくるめて多様な集合体でした。その中で自分がどの程度のデザイナーなのかがある程度判断でき、留学が終わるころには、自分は海外でやっていけると思うようになりました」

自分の力が世界的なレベルで通用する。それを客観視できたのは、和田氏にとって大きな収穫だった。RCA卒業時には、海外の会社からいくつか採用の話があったが、和田氏は留学を全面的にバックアップしてくれた日産自動車でデザイン活動を再開する。

和田氏が日産時代に手掛けたのは、「セフィーロ」、「プレセア」、そして「セドリック」「グロリア」のグランツーリスモ、セフィーロワゴンそして日産最後の仕事になった電気自動車「ハイパーミニ」などだ。専門職の特例を持った「シニアデザイナー」に任命され、自分の予算を持ち、比較的自由に活動し、話題性の高い車もデザインした。そのまま日産自動車に残っても、相応の地位は十分約束されたに違いない。

だが、和田氏はデザインにのめり込めばのめり込むほど、違和感を強く持つようになった。

日本の企業に対する二つの違和感

第一に日本の生産サイクル、消費サイクルに対する違和感である。

「日本の企業でデザインしていると、デザインした車が世の中に出ないうちに、もう次のモデルのデザインを始めなければなりません。非常に高い瞬発力を要求されるのです。個人的にはそれが美しいものをつくる環境を壊しているのではないか、本質的なものから遠ざかっているのではないかと思うようになったのです」

車だけではないが、日本の製品づくりはモデルチェンジが激しい。それが消費者の購買意欲を刺激するマーケットをつくると考えられている。和田氏は「デザインそのものが好きで、可能な限り美しいものをみなに提供したい。美しいものは必ず人を幸せにする」という信念を持ったデザイナーだ。だからこそ、じっくりと美しいものをつくり込む余裕を持てず、次のデザインを考えなければならない日本の生産のあり方、マーケットのあり方に大きな疑問を持ったのである。

第二に、日本企業が職人的デザイナーを活かせていないという違和感だ。

「クリエーターには二つのタイプがあります。非常にビジネスセンスを持ったクリエーターと、非常に職人的で創造性の高いクリエーターです。後者のクリエーターをどう活かすかが製品の質的なレベルを高めていくと思うのですが、そこに壁が存在します。とくに企業が大きくなるとマネジメントの問題や社内政治的なことがはばかって創造性や純粋性は失われます。かつては創造性に富んだ日本の他のメーカーでも大会社になって、スピリットや創造性をなくしてしまった企業はいくつもあります」

企業内で職人的デザイナーが本当に活かされているのか、そしてじっくりと美意識の高い製品をつくる環境を与えられるか。この疑問があったから、和田氏は日本を捨てドイツを選んだ。和田氏を魅了したドイツの自動車メーカーでは、職人的デザイナーがもっと活躍しているはずだ。そんな思いが和田氏を動かした。

情報があふれるところからは創造は生まれない

「完成品として可能なかぎり美しいものを提供したい」という思いを抱いて、和田氏は1998年にドイツへ渡った。二度と日本には戻ることはないだろうという決意も込めた片道切符だった。アウディ本社があるのは、ミュンヘンから約八〇キロメートル北にあるインゴルシュタットという田舎町である。そこにデザインスタジオも併設されている。和田氏はそこを「修道院のようなところだ」という。

「田園風景が広がり、ドナウ川が流れる。歴史のある中世的な雰囲気が残る町です。そういう場所で最新のデザインをする作業はすごく新鮮なものでした」

羊や馬が放し飼いされるような田園風景の中で、新しいデザインを行う。そのギャップは東京にいては感じられない。日本の場合、デザインオフィスの大半は東京に集中する。東京というマーケットの中でデザインをする。情報が日本で一番新しく、豊富な場所でデザインする。それはそれで妥当性があるようにも思えるが、和田氏がインゴルシュタットで一〇年過ごして出した結論はまったく違うものだ。

「インゴルシュタットの生活を経験すると、情報がないことの心地よさに気づきます。情報がないから本当に必要なものがつくれる。東京には情報やモノがあり過ぎます。そうなると本当に必要なものがわからなくなる。断言すると怒られるかもしれないが、そんなところからは新しいものも創造性豊かなデザインも生まれてきません」

思いはそれだけで実現するものではない。思いを育む環境が非常に重要であり、自分の思いを達成するためには最適な場を探し出していくことが重要になる。その意味で、インゴルシュタットと東京は和田氏にとって対極だった。インゴルシュタットには情報はないが、それゆえに本当に必要なものがつくれる環境があり、東京には情報があふれかえっているからこそ真の創造性が生まれにくい。

「東京は現象の街であり、それは本質とは真逆なものなのです」

デザインを短期間で流行り廃りのあるファッション的なものと捉えてしまうと、何年も人を引きつけるデザインにはなり得ない。

環境とデザインの分かち難い関係

２００７年秋、和田氏は東京モーターショーで久々に日本を訪れていた。再開発が進み、高層ビルがきらびやかに輝くさまを見た和田氏は、東京が虚構の街に思えた。

「すべてが見せかけに見えるのです。街を歩いている人も、しっかり足が地についている感じがしない。この街は嘘なの？　デザインの話を絡めれば、本質的なところから離れてしまっている環境の中でデザインをしている。日本でデザインしていた当時、自分が担当した作品が何かとても軽いものに感じました。日本の環境の中で何かをつくるとこうなってしまうのかなという意識がありました。もし違う環境でものをつくったらどうなるのだろうという好奇心が湧いたのかもしれません」

和田氏はアウディの「洗練そして知性を感じさせる」クルマづくりに憧れがあり、ドイツファンクショナルデザイン、バウハウスの理念を尊重していた。だがアウディに移籍したのはアウディデザインを希求する気持ちだけでなく、デザインの本質から離れたところでデザインせざるを得ない環境から抜け出たい気持ちもあったのだ。

和田氏はデザインに携わった「Ａ６」がインゴルシュタットのテストコースを走る姿を見たとき、デザインと環境の関係に得心がゆく。

「こういうドイツの風景の中で、Ａ６は何ともいえないラインを描いて疾走していくのです……。デザインを意識しながら、走っているものを見ることができ、それはあたかも生き物のように感じた。すごく喜びがあふれ出てきました。ドイツの環境が私にそうつくらせたのです」

和田氏のこうした喜びこそＭＢＢの原点に通じる。ＭＢＢは究極的に仕事の喜びを取り戻すマネジメントであるからだ。

歴史が途切れると美意識が伝わらない

和田氏が自分の理想的な美を生み出そうとする歩みは、デザインへの「思い」を貫く単純構造ではない。デザインと市場や組織のあり方、もしくは暮らしとの関係性など、多元的もしくは多層的な構造の中で語られる。アウディと日本企業、インゴルシュタットと東京、そうしたまったく異なる環境の中に身を置きながら、見えてくることも多い。

和田氏はアウディをデザインしながら、非常に重要なデザインの考え方を発見したようだ。それは歴史もしくは連続性という考え方である。

「２００５年は『クワトロ』二五周年に当たり、アウディでは自分たちのＤＮＡを再認識するための論議の場が設けられました。私がフロントマスクのそれまでのダブルグリルからシングルフレームグリルに変えるデザインを提案したときは、『これがアウディか』で大論議になりました。新しいものをつくっても、それがアウディでなければダメなのです」

見た感じが上品ながらおとなしいダブルグリルから、アクティブなシングルフレームグリルに変わる。そこでアウディらしさをめぐる大論議になったわけだ。最終的には「よりプレミアムなスポーツブランドをつくる」というアウディトップの宣言に沿って、和田氏がデザインした新しいフロントマスクが採用されるのだが、その際にはアウディの歴史を引き継ぐのにふさわしいデザインであるかどうかが、もっとも重視されたのだった。

和田氏は日本車のデザインにすばらしいものや美しいものがあることを否定しない。だが、そのデザインが歴史、継続という軸で語られない浅薄さをどうしても感じてしまう。なぜなのか。和田氏は、生活の中で身近な歴史が語られないことに原因があるのではないかと考える。

「日本人は親が子供に、何が好きで、何が偉大で、何が美しいかなどということをあまり語り継ぐことがありません。むしろそんな親子の会話自体がなくなろうとしているのです。日本の教育の中でも美意識はまったく無視されています。もしかしたら、それは第2次世界大戦後の近代化と教育に関係があるのではないかという気がします。おじいちゃんが戦争の話をあまりしたがらない。お父さんが戦争に負けて、貧しかったころの話をしたがらない。ドイツは日本と同じような状況で戦争を終えていますが、きちんと親から子へ彼らが起こした戦争の苦しい話が伝わっている。『伝える』という文化や風土がその責任において存在するのです。クルマについても50年代、60年代のクルマが非常に尊敬され、ヘリテージ（遺産）と呼ばれるクルマがいくつもあり、クルマへの思いが親から子へと伝わっているのです」

和田氏は一〇年にわたるドイツ生活の中で、デザインが生まれ、受け入れられる土壌を見出した。デザインは皮相的なものではない。歴史や文化的なバックボーンを持つ。

「日本のクリエーターは、新しいものをつくり出すということに束縛されすぎています。でもデザインの役割はそれだけではない。『伝える』ということのほうが、その暮らし、その文化においてずっと大切だと思うのです」

和田氏は新しいものを求めるがゆえに、古いものを否定し、過去を見ない日本の体質・状況がデザインを本質的なところから遠ざけているのではないかという。

日本企業の多くが自社の価値観やDNAが薄れてきたことにうろたえている。それとともに思いも失われてきた。そして、管理職がプレイングマネジャーになり、みなが忙しさの中に埋没していく中で、企業固有の「らしさ」やDNAの再構築の動きが日本でもいま、始まっている。和田氏は「伝える」といういい方でその重要性を示している。

役割分担で職人型デザイナーを活かす

和田氏の「美しいものを創りたい」という思いは、デザイナー個人の思いである。だが、それを貫こうとドイツに渡ると、その思いが国の文化や歴史と不可分であることに気づく。だが重要なのはそれだけではない。デザイナーを取り巻く企業組織の役割も忘れてはならない。和田氏は日本企業では、職人型デザイナーがうまく活かされていないと感じた。ではドイツ企業のアウディではどうなのか。

まずデザインチームのサイズに対する考え方が日本とドイツではちがう。

「日本企業は車種が増えればそれだけデザイナーを増やします。デザインチームが大きくなればなるほど質を維持するのが当然難しくなる。いいモデルも出れば、そうでないものも出る。でも、アウディは戦略的にクリエーターの数を抑えています。私がアウディに入社したときも一〇年後のいまもエクステリアのチームでいえば約一五人です。その間に車種は倍に増えているにもかかわらずです。仕事量が増えているので外注を使うケースもありますが、まず物理的に社内デザイナー数を抑えて質を維持している。しかも野球でいえば一番から九番までの各役割ができるデザイナーを集めて、非常にプロフェッショナルなチームとして機能させます」

和田氏はシニアデザイナー兼クリエイティブマネージャーとしてマネジメント側にいた人間だ。その立場からも職人型デザイナーのチームを有効に機能させることを重視する。自分が車一台のエクステリアのすべてを任されるときは、すべて同時にパーツをデザインするが、ホイールならホイールのスペシャリストをサポートに入れて、デザイナーの経験や高いポテンシャルを引き出す。

デザイナーの思いを最後まで残すしくみ

職人型デザイナーの思いを形にするという点では、このようなチーム内での役割分担に加え、経営層のかかわり方も重要になってくる。アウディでは「アウディらしさ」をめぐって経営層とデザイナーとの間で深い議論がなされる。先に例示したフロントマスクの形状でも、和田氏の案は「よりプレミアムなスポーツブランドをつくる」というトップの意向で採用されていく。ただし、以前のトップは、和田氏の案を却下していた。トップが変わり、和田氏もトップも、アウディの遺伝子を引き継ぎつつ「変えたい」という思いを共有し、新しいアウディのスタイルが実現した。

アウディでは、経営層から「こんな感じのデザインで」と示されるときもあれば、まったく示されない時もある。「スケッチの段階ではデザイナーの自由度はかなり高く、個人の思いが入ったデザインが多い」が、最終デザインに対しては「これがアウディか」どうかが徹底的に議論される。こうして全社で自分たちのクルマに対する価値観が共有されている。それは「広告や販売も同じだ」と和田氏はいう。その判断基準は、日本企業のようなマーケットを刺激するデザインかどうかという議論とは一線を画している。

「アウディの場合、七〜一〇年の周期で、できるだけ完成度の高い車を出そうと考えます。アウディのデザイナーに比べると日本のデザイナーは倍の時間働いていると思う。しかし出てくる車の新車効果はたった数カ月なのです。アウディでは、働く時間は日本企業に比べれば比較にならないほど少ないですし休暇もたっぷりあります。でも出てくるクルマは一・五倍の値段がつき、二倍の期間新鮮さを保つのです。アウディはいま、デザイナーにとって最高の環境にあります。それだけに自分の仕事に対しても、逃げ道がないのも事実です」

よい意味での緊張感の中で一〇年を過ごしてきた和田氏に改めて美意識、そして美しい車のあり方を尋ねた。

「最初から押し出しの強いものはあまり好きではありません。触ったり使ったり、すなわち時の育みを受けながら『ああ、いいな。きれいだな』とじんわりと感じてくるものが美しいのだと思っています。クルマもそうです。人の意欲が丸見えのデザインは嫌いです。使うにしたがって味わいが深まっていくデザインが好きです。そういうもののほうが人を幸せにできると思っています」

和田氏が話すようにアウディでは「アウディらしさ」をめぐって経営層とデザイナーが徹底的に議論する。それは個人と組織とで思いを共有するプロセスだ。こうして個人の思いのこもったデザインが、完成したクルマの中に埋め込まれていく。このような侃々諤々《かんかんがくがく》の議論、思いのぶつけ合いがあってこそ、思いは組織的に正当化、共有化され、大きな仕事に結実し、喜びをもたらしていくのではないだろうか。

和田氏は２００９年６月アウディを自らの意志で退職し、自身のSWdesign TOKYOを開設した。新しいビジョンに向かった出発だ。「ターニングポイントを迎えたこの社会に新しい光をデザインする。これまでの経験を生かしより新しい社会のために貢献したい」という。

デザイナーという仕事は、一般の企業人に比べると自己主張や自分の思いが強くなければできない仕事である。だからこそ、私たちが仕事をする上で何を大切にしていかなければいけないかを尖鋭的に示してくれる。ＭＢＢが重要視する要素がそこにある。

実践知——❷

「いい仕事をしたいという思いをぶつけ合う」

——やらされ感のない仕事が成長の源泉

西村規子

サイバーエージェント　コーポレートIT室　シニアマネジャー

MBBでは個人と個人の「思い」のぶつかり合いが非常に大切だ。個々人の思いはさまざまに異なるため、摩擦も生じるが、そのすり合わせの中から、大きなパワーが生まれ、創造に結びつく。また、そのような思いのぶつかり合いがないと、個人の思いはブラッシュアップされ正当化されるチャンスを失い、組織の中に広く認められ、共有されていかない。

ここで紹介する事例は、一人の女性マネジャーの奮闘する姿である。インターネット・ベンチャーの雄、サイバーエージェントのコーポレートIT室シニアマネジャー、西村規子氏がその人だ。人とぶつかることを恐れずにチームをつくっていく西村氏の姿は実にさわやかで頼もしい。

ＩＴバブル崩壊直後にサイバーエージェントに入社

慶応義塾大学を卒業した西村氏は矢野経済研究所に入社。そこでマーケティング・リサーチ、マーケティング・レポートの作成を担当した。同時に業界誌の編集にも当たった。そこでネタを集め紙面づくりをする編集の仕事の面白さを知り、編集技術を高めたいという思いから、ベネッセコーポレーションに転職。

「日々、仕事をする中で、女性はやはり手に職をつけたほうがいいのかなと思っていました。編集という仕事が、女性が一生できる専門職のように見えたのです」

その後、ベネッセコーポレーションからＩＴ関連のコムテックに転職。編集の仕事がつまらなかったわけではないが、思ったよりも仕事の幅が限られていたようだ。西村氏が担当する中学生の教材づくりは一年、二年、三年と学年ごとに分かれ、さらに国語、数学、理科、社会、英語と教科ごとに分かれていた。「もっと仕事のフィールドを広げたいと思うようになりました」

ＩＴに詳しいわけではなかったが、縁あってコムテックに入社。二〇代後半の西村氏は部下を持ち、営業やプロジェクトマネジメントを経験した。

「どんどん仕事を任せる会社でした。また、役員と近いポジションで仕事ができたので、経営の考え方にも触れることができ、いい経験でした。部下を持ってチームで仕事をするのはたいへんだけれど、やりがいがあります。専門職でなくても、企業の中でこうやって仕事をしていけばいいのだという自信がつきました」

サイバーエージェントはコムテック時代の営業先だった。ベンチャー企業向けに人事システムや就業規則をパッケージにしたソフトをサイバーエージェントに売りに行って、首尾よく買ってもらった。

ところが当時のサイバーエージェントは上場したばかりで、組織がまだできあがっておらず、そのソフトを活用できる人がいなかった。そこで、西村氏は社内でうまく活用できるようにするための仕事まで頼まれてしまう。

「追加でお金を払うから、会社に来て手掛けてくれないかといわれたので、他のプロジェクトのマネジメントもやりながら、部下の女性を一人連れてサイバーエージェントでカスタマイズの業務を進めていきました」

そのうち社長や副社長と話をする機会があり、何度か話をするうちに「当社で一緒に仕事をしませんか」という誘いが……。

それをきっかけに西村氏はサイバーエージェントに転職する。

ビジョンを伝える経営陣に共感

サイバーエージェントに転職を決めた２００１年当時はちょうどネットバブルがはじけた時期だった。

「株価が下がり、会社もさんざん叩かれていましたし、私も三〇歳を過ぎていたので、転職してすぐにつぶれるのでは困るなといろいろ考えました。入社したとき、よくこんな時期に入ってきたねといわれました（笑）」

ＩＴ業界全体が落ち込み、ネット関連企業の先行き不透明感が増していた。それでも西村氏を強く惹きつけるものがサイバーエージェントにはあった。

「サイバーエージェントでは社員のモチベーションがとても高く、前向きな人たちがたくさん集まっていました。私はいろいろな会社を営業を通じて知っていましたが、こういう会社は初めてでした。この会社の経営陣はきっとすごいぞと思いました」

この会社なら面白いことができそうだという予感。それとネット業界がこれからも成長するだろうという見通し。それがあったから転職したのだった。

ＭＢＢ経営でもっとも重要なのは経営者個人のビジョンだ。経営者がビジョンを明らかにし、それに賛同する社員が集まる組織は生き生きとし、モチベーションの高い集団となる。まさに西村氏が転職したサイバーエージェントはそういう状態にあった。

「サイバーエージェントをよく知るまでは、業界が上り調子で、たまたま若い経営者が時代の波に乗った会社だろうと思っていたのですが、入ってみると経営陣がしっかりとメッセージを発していることがよくわかりました。『21世紀を代表する会社を創る』とビジョンを明確にするとともに、経営陣がどう伝えたら社員に共感してもらえるか、どんな制度をつくれば組織が活性化されるかをとことん考え抜いていました」

経営陣が現場の社員のモチベーションまで考えた上で、メッセージを発している。西村氏はそのことに非常に驚いたという。社員が元気になれる場をつくり出すようなメッセージ発信も、またMBB経営において重要である。

西村氏は人事部門と総務部門を任される。人事担当二名、総務担当一名、総務部門管轄となっていた情報システムに業務委託が二名という非常に小さな部署だった。西村氏は人事と総務の業務を兼務する。

二年くらいは採用がたいへんだった。会社の成長に合わせてどんどん採用しなければいけないが、なかなか採れなかったからだ。

「新卒採用では、内定を出した学生に『そんな会社に入れるために大学まで行かせたわけじゃないと親に泣かれた』と内定を辞退されたこともありました。親御さんから『入れてください』といわれる会社にしようと藤田（晋社長）とよく話しました」

当時は先行投資がかさみ赤字だったので、それを心配する人はそもそも採用セミナーにも来てくれない。しかし上場の際に調達した資金は潤沢なうえ、事業自体は成長を続け、売り上げも年々倍増で増えていたし、とにかく社員が一生懸命だったこともあって、西村氏にもぶれはなかった。

西村氏も採用のときには経営陣と同じメッセージを伝えた。

「一緒に歴史に残るすごい会社を創りましょう。自らの手で新しい産業を創っていきましょう。ひたすらそういい続け、そんな志に共感してくれる人が徐々に集まってくれました」

ＭＢＢ経営では、組織とは理念、ビジョンに共感する集団である。まさにサイバーエージェントは、当時はそれしかないという面はあったにせよ、会社と社員のビジョンを採用の時点で強烈に同期化していたわけだ。これまでの人事にありがちなように、ただ闇雲に人を資源として、スキルベースで集めた後で、ビジョンの整合性をとろうとするのとは正反対だった。

会社の成長が仕事の喜びをもたらす

人事と総務を兼務する西村氏は入社直後から「寝る時間と通勤時間を除いてそれ以外は仕事」という生活を送る。採用もする。オフィスもつくる。ほとんど何もなかった制度をつくる。社員のフォローや育成もする。何もかもがいっせいに降りかかってきた。

それでも、「やらされ感」はなかったという。やらされ感で仕事をこなすようになると、そこに仕事への思いがなくなって疲弊感が増し、そうした個人で構成される組織は責任感を欠いた脆弱な集団になり下がる。

なぜ西村氏には、やらされ感がなかったのだろうか。

「やればやるほど何か形になり、成果になる。会社もみるみる成長していきました。毎月人が数十人増え、売り上げも数億円増えるといった具合です。業界自体が一五〇％成長です。そして今度はネット広告がラジオの広告市場を抜くという事態が目の前で起きてきます。それは誇らしく、自分がその一員であることに喜びを感じました」

目の前の仕事が形になり、それが会社の成長につながる。会社の成長は新しいマーケットのパイを膨らませ、業界自体が社会的な存在感を高めていく。それが猛スピードで起きていく中でする仕事は、どんなに忙しくてもやらされ感ではなくて、やりがいになった。まさに市場を創造している真っ只中に当事者として居合わせる躍動感があった。

「自分と会社との一体感がすごくありました。経営陣も『テレビ、新聞、雑誌、ラジオで占めている広告の世界が変わるのはすごいことなんだ。それを他のだれでもない、自分たちがやっているのだ』ということを強調し、私たち社員も自分が頑張っているんだ、そう実感しました」

個人と会社が一体感を持つとき、仕事の喜びはいっそう大きくなる。新しい市場をつくり、大きな成長路線に乗った会社だから味わえるものだろう。ただし、同じ業界でも、サイバーエージェントのように社員が高いモチベーションを持って、仕事の喜びを感じられるところもあれば、社員の気持ちがバラバラになって崩壊してしまう企業もある。

同じ成長著しい業界にいながら、どこが違うのだろうか。

「藤田を中心とする経営陣に、もし私利私欲があれば組織はダメになってしまったと思います。そうではなく、自分の信念に対し正直に行動してきたから信頼できるのです。言っていることとやっていることが違えば、人はどんどん離れていってしまうと思うのです。それにこの会社は非常にフェアです。スピードと勢いのある成長企業がフェアでなければ組織は白けてしまいます。フェアなので自分たちの実力が会社の成長を左右します。だから余計頑張らないと、と思うのです」

サイバーエージェントを21世紀を代表する会社にする、永続する会社にするためにはどうすればよいのかを経営陣は考え抜く。そこに一貫した哲学がある。だから社員も信頼して経営陣についていける。歴史、市場、業界のありよう、技術の動向などを幅広く綜合した高質で大きなレベルの思いを社員のみなが共有していた。

「思い」を伝えること

２００６年から西村氏は情報システム部門のマネジャーになった。創業以来一〇年、社内の各システムは必要に応じてそのつど、部分最適で構築されてきたために、システム間の連携ができていなかったり、同じ作業の重複などの不都合が生じていたりしていた。基幹システムである販売管理システムも２０００年に構築したもので、現在のサービスにはまったく追いつけなくなっていた。

これらの不都合をなくすため、基幹システムを再構築するプロジェクトが立ち上がり、西村氏はそのプロジェクトをマネジメントする役割を担うことになった。

「担当役員から異動の打診を受けたとき、情報システム部門を強化すればもっと経営のスピードを速くすることもできるので会社に貢献できると思いました。そこで、『やります！』とお答えしまして、異動となりました」

西村氏は会社の課題を適切に把握し、「自分が会社に貢献したい」という思いを持って、自ら異動を決断した。五〇人弱のチームのリーダーだった。内訳は五人の事務局をはじめ、新システムの構築を担うSI会社のスタッフが二〇〜三〇人、旧システムを構築したSI会社のスタッフが五〜七人で、一年半にわたるプロジェクトが始まった。

新システムにはさまざまな新しい機能がつく。たとえば、顧客にオンラインで発注してもらう機能もそうだ。サイバーエージェントの担当者はそれを見て、ネット広告の媒体を押さえることができる。これはネット広告では画期的なことだった。過去の発注履歴、請求書の受渡しなどがすべてオンラインで完結する。

西村氏はこのプロジェクトを通じて、いかにコミュニケーションが重要かを思い知らされた。

「担当役員、現場でシステムを使う社員、ベンダー2社のスタッフ、事務局も社員だけでなく外部の人もいるという混合チームだったので利害がみな異なり、まとめるのが非常にたいへんでした」

事務局はシステムの方向性を打ち出すのに四苦八苦した。現場の社員は現行システムの使い勝手の悪さを指摘する。しかしどうすればいいのかがはっきりしない。そうなるとベンダーは動きようがない。プロジェクトのミーティングを開いても要件が固まらない。限られた予算の中で「こうしてほしい」と西村氏がいうと、ベンダーは「それはできない」とつれない。その繰り返しでミーティングは深夜の11時、12時まで延びてゆく。みな疲弊し、イライラ感が募る。

西村氏はこのままやっていても絶対にうまくいかないと思った。

「ベンダーも請け負った仕事ですから途中で止めるとはいわないでしょうが、こんな状態でいいシステムができるわけがありませんでした」

そこで忙しかったが、事務局とベンダーのスタッフが一緒に食事をし、酒を飲むという機会を何度かセッティングすることにした。仕事から離れて腹を割って話す場をつくったのである。

西村氏が設定した場は、ＭＢＢでいうところの「創造的対話」の場である。思いをぶつけ合って、最後には「もうこれしかないかな」と共鳴しあった思いでないと周りとの真の一体感は得られない。葛藤を経た上でたどり着く一種の安堵感だ。「自分たちは同じことを目指している。同じビジョンを持っている」と感じられる瞬間がそこに生まれた。

「ベンダーのほうから『使う人から、本当にいいシステムになったといわれるものをつくりたい』と聞いたときは、そのためならぶつかり合ってもかまわないと思いました。いくらぶつかっても解決策は見えてきます。一度、現場を離れ、何のためにやっているのかに立ち戻って、思いや考えを共有し、最善の策は何かを考える関係をつくらないと前へ進めません。ベンダーのほうは、私のことを単に飲むのが好きな人だなと思っていたかもしれませんが……（笑）」

仕事の前に人間関係をつくることを重視した結果、プロジェクトも徐々によい方向に進み、山場を乗り越えていった。

「普段の仕事の中では、あまり感情表現がうまくないエンジニアもいます。飲んでいるときに『前のシステムのほうがよかったなんていわれたくない』と話してくれると、本当にいいものを一緒につくりましょうよという話ができます。エンジニア同士お互いの苦労が語られると、会社を超えた協力体制も出てきます」

ＭＢＢでは飲食の機会も重要だ。かつての日本企業が持っていた円滑なコミュニケーション手段としての飲む機会や食事の機会。会社や組織の裃を脱いで、本音で個人と個人が付き合うことが、実は仕事を進める上で重要なのだ。飲み会とは無縁と思われるスマートさを感じさせる女性の西村氏からその重要性が語られるのは新鮮だ。

また、チームで成果を上げていくとき、上司の応援も非常に重要になる。人は最初、どんなに強い思いを持っても、孤軍奮闘だと気持ちがへたってしまう。部下を孤立させず、部下が引き続き思いを強く持って行動できるように上司は支援する必要がある。

西村氏も担当役員に非常に助けてもらったという。

「チーム内で、だれだれが嫌いだとか、疲れてもう嫌だ、何でこんなに頑張らなきゃいけないのかと雰囲気が重苦しくなったときに、『これはすごい仕事なんだ』とメンバーに話してくれました」

煮詰まりそうになると上司はこうフォローしてくれた。

ともすると日々の作業に埋没しそうになる。仕事に追われるようになる。感情的になることもある。だが、上司が仕事の意味を語ることで、それをきっかけにメンバーはまた頑張れる。自分たちはそれだけ大きな仕事を手掛けているのだ。あきらめてはいけないんだ。そう踏ん張れる気持ちにしてくれる。

仕事とプライベートが融合する

西村氏は会社の成長と一緒に走ってきた。最初はプライベートな時間もなく、仕事に没頭したが、いまは多少なりとも自分に投資できる時間ができたという。だが、その投資でさえ仕事から離れたものではないようだ。

「私は元々システムエンジニアではありませんが、この部門をマネジメントする以上はシステムの勉強もしないといけないと思っています。そこで関連の資格を取るために勉強をしています」

ワークライフバランスからいけば、西村の場合、かなり仕事に偏っているようだが、西村氏はそれを気にするそぶりも見せない。

「別に苦痛があるわけではないし、プライベートの時間を拘束されているわけでもありません」

MBBの世界では思いを持って仕事を取り組んでいくと、仕事とプライベートが渾然一体となってくる。打ち込んで何かをしているとき、何かに没頭して考えているとき、自分の夢に夢中になっているとき、そんなときには、それが仕事であっても、私たちは率先して自分の時間を投入し、没頭するのではないだろうか。そこにはワークライフバランスから連想されるような、はじめから二分法で考えて時間を切り分けてしまうような傍観者的なワークスタイルは存在しない。ワークライフバランスは仕事とプライベートをゼロサム的に考えている。しかし本来、両者はトレード・オフの関係にない。西村氏のケースはその好例だ。

だがここにくるまでは決して平たんな道のりではなかった。かつては、自分はマネジメント失格だと落ち込んだこともある。

「マネジャーになりたてのころはチームを動かすことができず、失敗の連続でした。困り果てて、どうやったらうまくいくか、本を読んだり人に聞いたり、うまくいっている人を観察したりしました。そしてあるとき、ああそうか、人のいいところを見つければいいんだとわかったのです。それまではうまくいかないのを人のせいにして、ダメだと思う人を力ずくで変えようとしていましたが、それでもチームはうまく動きませんでした。人を変えるのではなく、自分が変わらなければうまくいかないと気づいたのです」

チームには考えもキャリアもまったく違う人たちが集まる。それをまとめていくのはたいへんではあるが、一人ではできないような大きな仕事をみなで成し遂げる充実感も生まれる。

「それは茨の道でもあり、喜びでもあるのです」

マネジャーとして紆余曲折を経ながら個人としても成長を続ける西村氏。

「自分の成長、部署としての貢献が結果的に会社を発展させていきます。マネジャーになって本当によかったと思っています」

西村氏は「偶然がキャリアをつくる部分が大きい」とも語る。

「大学を卒業して仕事を始めたときは、自分がチームや部下を持って仕事をやっていくことは想像できませんでしたし、コムテックの営業をやっていたころはまさか自分が人事をやるとはまったく思いませんでした」

キャリア形成は予定調和の世界ではない。人と出会い、仕事と出会い、偶然が偶然を呼んで、ただその中で思いを持って必死にやっているうちにすべてがつながって一つのキャリアを形成するのが現実だろう。

「大学生の中には、絶対に外資系の銀行しか行かないと決めて就職活動している人もいますが、もっとフレキシブルに考えたほうが可能性は広がるのではないかと思います。私自身を振り返ると行き当たりばったりでやってきたところもありますが、いままで出会った人の考えがすごく勉強になったし、人脈も後に活きたりするもの。一見紆余曲折でもムダなことは何もないなと思います」

高質な思いを育む人は自分の業務、担当の中に埋没せず、知の交差点を数多く持ち、多様な人と接することがチャンスを広げ、自分を成長させる。自分のキャリアにフレキシブルな部分を残しておき、常に問題意識を持ち、さまざまに訪れてくるチャンスと前向きに付き合い、そこから自然と生まれるそのつどの状況に自分なりに反応、変化、成長していく。

ＭＢＯのように年間の目標を決めてしまい、手段も予定しきちんとこなしていくやり方とは異なる。はじめに決めた目標に対して、できなかったギャップを問われ、評価されるよりも、偶然の産物を呼び込むことが想像もしなかった自分を見出し、成長していくと考えたほうが明るくなれるのではないだろうか。

実践知――❸

「ビジョンを本当に実現しよう」

――現場で肌で感じた問題意識を真剣に追求し続けることの大切さ

宮田昌紀　ユナイテッド・シネマ社長
内橋洋美　ユナイテッド・シネマ　人材開発担当マネジャー

シネマコンプレックス（シネコン）の中でもひときわ異彩を放つ存在がある。それがユナイテッド・シネマだ。かつては赤字で苦しんでいたが、それを立て直し、黒字化。かつシネコンとしては初の三年連続グッドデザイン賞に輝く、個性派映画館を運営する企業だ。それを引っ張ったのが社長の宮田昌紀氏だ。映画興行というメいわばその道のプロが仕切ってきた世界に飛び込んだ商社マンだ。映画の素人はどんな「思い」を持って経営の舵を握ったのか、またその思いを受けてバスに乗ったメンバーはどう動いたのか。その中の一人、内橋洋美氏にも光を当て、二人の思いのありようと、その交差点で何が起きたのかを見てみよう。

リストラではなく長期戦

映画離れ、劇場（映画館）離れが進む中、映画業界の興行環境はたいへん厳しい。ユナイテッド・シネマも2005年から二期連続の赤字を強いられ厳しい経営実態に喘いでいた。そんな中、このたいへんな会社に親会社である住友商事からやってきたのが、現社長の宮田昌紀氏だった。通常であれば親会社から三期連続の赤字を是が非でも回避するために送り込まれたトップ。彼がやることは徹底したコストダウン、早急なリストラ……。そんなシナリオが目に浮かぶ。だが宮田氏は違った。

宮田氏の目に映ったのは、商社で鍛えたビジネスの視点からの映画興行界の状況だった。すなわち、宮田氏の扱ってきた鉄鋼のプラントの立ち上げ、そのための資材調達などの場合、何百億から何千億円もの資金が投下されるが、映画業界は興行収入が年間で二〇〇

○億円程度の市場。宮田氏は、ユナイテッド・シネマの黒字化はもちろん必要だが、単にコストを減らして短期の利益だけをたたき出してもしょうがない。一企業の経営数字を追うだけではなく、映画市場全体をもっともっと活性化させなくてはしょせん未来はないのではないかと考えた。

「いまの日本では映画館で映画を観るという行動パターンが確立されていません。何よりそこから変える発想が必要です。なぜ映画に行かないのか。そういう本質的な課題から考えないと大きなそして長期的な成功は望めません」。いわばビジネスモデルの見直し。そんな大きな思いを持った宮田氏がとったのは長期戦だった。本社の厳しいルールをはねのけての決断だった。

まず宮田氏は全社員との面談と自社および他社の劇場の視察からスタートした。経営状態の苦しい会社の面談では、トップから何をいわれるのかと怯えたり、自分の身を守るためにどう言い訳をするのかと考えてしまいがちだ。しかし長期戦を考えていた宮田氏は自分の思いを真剣に語った。「劇場をお客さまにわざわざ足を運んでもらえる存在、行ってみたい対象にしたい」「お客さまにとってもっと付加価値のある劇場にしたい……」。そんな思いを語る社長を前に、数字のマネジメントに慣れており、いわれたことを実行する体質に染まってきた現場は逆に戸惑ってしまったという。それでも宮田氏はこのような対話にたっぷりと時間をかけていった。そして社員の気持ちを聞いていった。

なぜか……。ユナイテッド・シネマの各劇場を動かしているキーメンバーは大勢の若い映画好きのアルバイトのスタッフたちだからだ。彼らがどんな思いで仕事に取り組むのかで、お客さまの印象はガラッと変わる。住友商事のように概念や目標をいうだけでは通じない。彼らの心を動かすのはマニュアルでもない。

彼らを預かる劇場の支配人や一般社員たちが、どんな思いでいまの仕事に取り組んでいるのか。どんな思いを伝えているのか。また汲み取っているのか、なのだ。現場のオペレーションの質を上げるには、現場がマニュアルで決まったことをやるだけの存在ではなく、思いを共有し考える存在にならなくてはいけないと考えた宮田氏は、あえて指示を出さずにまずこのような実状を知るための対話をしていったわけだ。

さらに、それまでの経営は映画のプロの世界であり、外様の宮田氏が何かいっても素直には受け取られないだろう。また逆に上からの指示どおりに動くのに慣れっこになった指示待ち文化の現場では、あまりに強烈に思いを語ったり、具体的な方向性を出せば、長期的な体質づくりには逆行してしまうかもしれない。そんな複雑な気持ちで、現場との対話を繰り返した宮田氏は思いを語りかけながら待った。だれが反応してくるのか。だれが真にユナイテッド・シネマ、いや映画興行のことを真剣に考えているのか見きわめていった。

作品頼みからの脱却を目指して

対話の中で宮田氏が重視したのはビジョンの問題だった。ユナイテッド・シネマには、「信頼され、愛される映画館を目指します」というビジョンがあるのだが、社員の間では「ビジョンはあるはずだけど、あまり知らない」というのが実態だった。そこで、「どうありたいのか?」「どんな劇場に興味を持っているのか」「どんなふうに思われたいのか」「僕はこう思っているけど、どう?」という具合に一人ひとりの思いを聞き出そうとしたのだが、なかなか意見は出てこなかった。これまでの映画興行界は「映画のプロ」の世界であり、作品頼みのビジネスをやっていたため、シネコン独自の取り組みはなかったに等しかったからだ。

しかし、宮田氏は思った。「このビジョンは映画館のビジネスの本質を突いている。行きたい場所、夢のある場所を目指せといっているわけだ。どうしたら自分たちは愛される映画館をつくれるのだろうかという発想をしろといっている」

だが現実にあったのは旧態依然とした映画上映場所としてのシネコンだった。しかしビジョンが示唆しているのは、映画館としての付加価値のことだ。すべて作品頼みのこれまでのやり方では、決してビジョンは達成されない。もっと顧客のライフスタイルに溶け込んだ映画館をつくれば、市場は大きくなる。

そのためには話題づくりでブランドイメージをアップし、「行ってみたい存在」にすることが重要だ。また映画館を小売業として再定義することも顧客を増やすことにつながる。単に上映する場所貸し業ではなく、その場でいろいろなサービスや物品を提供することで、コトづくりが可能になるのではないかと思った。それには高質なサービス、あこがれのブランドでないと意味がない。

それゆえあえてコスト削減とはいわずに、「コスト・コントロール」という言葉を使った。単にコストを削減してはサービスの品質を落としてしまう。むしろ、繁閑に合わせてサービスが一定になるようにコストをコントロールするほうがブランドづくりにとっては重要だと考えたからだ。宮田はコストとCS（顧客満足度）の「究極のすり合わせ」がサービスには必要だと確信していた。

興行ビジネスを再構築していく宮田の長期戦が始まった。付加価値を高め、ブランドを高め、行ってみたくなる場を創造する戦略だ。しかし、宮田はあまり体系的に始めたくはなかった。一人ひとりが考える余地を奪ってしまうと考えたからだ。そこでブランドにつながる三つの施策を社長直轄プロジェクトとしてスタートした。人材育成、CSアップ、CRM（カスタマーリレーションシップマネジメント）のプロジェクトだ。

人材育成については、ES（社員満足）がCSを高めると考えたからだ。多くの人と面談した中で、これはと思う、問題意識があってついてくる意欲のある社員たちにこの三つのプロジェクトを任せた。

最初は「社長は一体何を始めたのか？」という訝《いぶか》るような反応だった。何をしたらいいのか処方箋をだれも書けない。しかし徐々にではあるが、だんだん意見が出るようになっていき、最終的にCSプロジェクトに手を挙げたのは二七人にもなった。「直轄プロジェクトのメンバーはみな本業を持ちながら、シャドーワークとして参加してくれたのです」

また、みなの努力の成果がわかるように経営の透明性を高め、利益にどう結びつくのか、PL（損益計算書）はどう見ればいいのか、現場が単なる作業ではなく、ビジネスとしての意識を持つように教育としくみづくりを行った。本当にお客さまに来てもらえる劇場を自分たちの手でつくるには、結果をリアルタイムで知り、努力を検証する必要があったからだ。こうしてただ単に客数を集計するのではなく、利益を上げなくては意味がないことがアルバイト・スタッフのみなにも徐々にわかるようになっていった。劇場間の競争意識も芽生えていった。小売業への意識転換が始まった。

トップの「思い」とシンクロした教育プロジェクトのスタート

プロジェクト・リーダーの一人に内橋洋美氏がいた。人材育成の担当になった内橋氏はまだ三一歳。二六歳にして入間の劇場の支配人になった彼女は問題意識が旺盛で芯が強いが、見た目はやさしそうな細身の女性だ。彼女の前職は、関西カルチャーを満載して毎回ユニークな企画で定評のあったエルマガジン編集部であり、出身地の大阪でユニークな企画を追っていた経歴を持つ。

ユナイテッド・シネマに入社後、大津、福岡、大津、入間とほぼ一年ごとにいくつもの劇場を転勤して渡り歩いた彼女は思った。「ユナイテッド・シネマでは、どの劇場もみなオペレーションのやり方が違い、スタッフの知恵が会社全体で活かされていない！」。

劇場では、若いアルバイトスタッフを大勢使う必要があるが、彼らのモチベーションアップのノウハウがまったく共有されていない。みなバラバラにやっている。アルバイトに楽しく仕事をしてもらうやり方、掃除の仕方、レポートの書き方などみなバラバラ。体系的なキャリア開発や育成もなかった。自助努力があたりまえであり、やらない人は努力不足という認識。会社は這い上がってきた人だけを使おうとするので、やめてしまう人も多い。人が入れ替わるたびにやり方が変わるのも当然だった。

しかし、一方で期待できる面も多々あった。社員やアルバイトの潜在能力は高い。お客さまのニーズを汲み取って、感動させるサービスを提供できる力はある。ただし、本社からのトップダウンスタイルが定着し、本部の指示をきちんと実行するのが劇場の役割とされてきたため、みな自力で何かを生み出す自信はなく、指示待ち族が多かった。

現場で戦う内橋氏は思った。

競合はどんどん増えているが、映画を観る人口は増えない。映画というコンテンツはお客さまにとってはどの劇場でも同じ。それでも自社に足を運んでもらうには、劇場のソフトが大事になる。しかし、そのソフトがじつは支配人以下の劇場の従業員一人ひとりの努力にお任せの状態。これではお客さまに来てもらえなくなってしまう……。強い危機感だった。本部に自分は異動したので、もっと劇場が元気になるようにしてあげたい。そのためにはノウハウの共有と人材育成を会社としてやらねばならないのではないか。

そんな内橋氏の思いが宮田社長の劇場を変革したいという思いと出会い、シンクロして誕生したのが教育プロジェクトだった。プロジェクトは２００８年からスタートした。教育プロジェクトでは小手先のスキルではなく「信頼され、愛される映画館を目指します」という企業ビジョンを自分たちのものとして実行することをめざした。それまでは企業ビジョンは壁に飾ってあるだけ。劇場は本社からの指示どおり仕事をするだけの職場だった。そこで企業ビジョンを実践し、しっかりとしたユナイテッド・シネマブランドをつくるために内橋氏が企画したのが「マインドアップ研修」だ。

企業ビジョンにある「信頼される映画館とは何か」「愛されるとは何か」といった素朴な質問についてみなで議論するところから始めた。全支配人に受講してもらい対話した。社長以下本社役員、部長クラスにもみな参加してもらい議論に議論を重ね、ビジョンを自分のものにしようとした。単に効率重視のオペレーション（映画を見せるだけ）ではだめで、プラスα（映画を観るという行為をとおした「新しい経験価値」の提供）が大事であり、映画館とは映画だけではない、ということに徐々に気づいていった。このような対話を通じて、各自が自分の原点と理想を振り返り、マインドアップ宣言なるものを作成していった。

さらに全劇場の一般社員に対象を拡げ、一年かけてビジョン研修をスタートした。

「劇場の従業員も普段からこんなことをやるべきだとか、お客さまに喜んでもらいたいとか話しているのを知っていたので、みんなついてきてくれると自信はありました。しかし、みな話しているだけで、実行に移すリーダーがいなかったし、本社がやれといってこないので動かない。思いが行動になっていなかったのです。ただ思っているだけで、会社も無反応でした。最初はどう議論してよいのか戸惑った面もありますが、慣れてくると現場のアルバイトスタッフたちからもどんどん提案が出始めたのです。指示待ちではなくなっていきました。スキルではなく、大きな幹の確認（ビジョンの浸透）から入ったのがよかったのではないでしょうか」

次に内橋氏が始めたのが、ビジョンの実現のための実際のノウハウの創出・共有・全社的実践だ。しかも、自発的に自分たちで考え、現場主導でやる工夫を凝らす必要があった。いつもの押しつけ・指示待ちではだめだ。その体質も同時に変えていかねばならない。そのしかけとして考案したのがBest Practice Award（ＢＰＡ）だ。

マインドアップ研修、ビジョン研修と並行して、「売店の購買率のアップ」をテーマに、各劇場でベストプラクティスを競い合うしくみだ。その効果はてきめんだった。にわかにＯＪＴが盛んになり、リーダーシップを取る人も出て、購買率がアップし始めた。

ＢＰＡでは、四つの「あかん」を設定した。①無茶はあかん。②みなで協力せなあかん。③ＢＰＡを忘れたらあかん。④テーマと関係ないのはあかん。なんとも楽しそうな、エルマガジンで鍛えた内橋氏独自の遊び心が垣間見える。

ＢＰＡが人材育成、風土変革に主眼を置いており、数値の成果を追うものではないのもうまいやり方だ。思いに軸足を置き、ビジョン達成という長期のゴールに目線を合わせているわけだ。それはＢＰＡの審査基準にも表れている（図表3）。

２００９年度はＢＰＡの二年目。みな慣れてきて、楽しくやるようになった。支配人の中には指示を与えるだけではなく、下に任せ、助ける人も出てきた。職場が明るくなり、購買率も上がることで自己の効力感を味わえるようになり自信もついてきている。ＢＰＡや発表会の資料のつくり方もどんどんうまくなっている。内橋氏はスキルは教えない。準備の会議だけやって、劇場のみなで議論してつくっていく。場だけ与えてみなを盛り上げて考えてもらうことに徹している。

図表3 ● ユナイテッド・シネマのBPA審査基準

		※配点
定性評価	既存の思考の枠組みや経験から、どれだけジャンプした発想ができたか?	20
	劇場が一つのチームになって、BPAに取り組むことができたか?	30
	全従業員を巻き込み、各々が持つ知識を活用することができたか?	20
	BPAの取り組みを楽しむことができたか?	20
定量評価	BPA実施期間中の売店購買率の伸張度	10

みなが元気になってもらうこと、ここに内橋氏の思いがあるからだ。内橋氏はいま、ビジョン研修やBPA活動を通じて、会社の中でのさまざまなミーティングが、議論のない一方通行の報告会から、思いを交換し合う「場」になってきたと実感している。コミュニケーションが円滑化し、役割意識もフレキシブルになった。目標にめがけて各自が柔軟に発想し、フットワークのよい筋肉質の組織になってきた。

こうした土壌があったからグッドデザイン賞を受賞したと彼女は思う。今回の受賞理由は単なるデザインではなく、地域と一体になり「みなが行きたい場所」としての映画館づくりにある。「場のデザイン」が認められたのだ。それはすなわち劇場の一人ひとりの思いの集積であり、努力の証だ。だから内橋氏は今回の受賞をみなの変化の証と捉え、ことのほか喜んでいる。そして思いを軸に会社が回るとは、こういうことなのかもしれないとしみじみと思っている。

そんな内橋氏も一人で担当してきたので、おおむねスムーズにはいっているものの人知れず悩んだこともあるという。「一人で何もかも考えなくてはならず、相談相手がいないのが辛かったのが正直なところです。自己満足になってしまっているのではないかという不安が常にあったのです。支配人を迷わさないようにしないといけないし。それゆえ社長とも直に相談しアドバイスを得たり、当時通っていた多摩大学大学院の先生や仲間たちにも相談しました。また、自分たちが指示待ち族からいかに変貌するかが大きなテーマなので、自分も考えるし、自分の考えたことも押しつけないで、気づいてもらうやり方をしています。でもこれが本当に難しいのです」。

ついに黒字化を達成

このように内橋氏だけではなく、多くのメンバーが自己効力感を味わいながら、ユナイテッド・シネマはついに2008年度に黒字化を達成した。

宮田氏は二年間の活動を次のように振り返っている。

「当社は二期連続の赤字。いままでのやり方がダメだったからこうなったんだ、自分に任せろ、と啖呵を切ったのです。昔の上司も味方してくれた。任せたらやるやつだと思ってくれていたのでしょう。でも、そうはいっても時間との戦いでもありました。いくら任せるとはいっても二年で黒字化しなければ撤退がありえたからです」

「しかし、住商の優秀なエリート商社マンを縦横に使える状況ではなく、アルバイトスタッフにいかに嬉々として働いてもらうかが、この会社のポイント。彼らのモチベーションを上げながら、体質を変えないと意味がない。そのためには、スキルや命令、数値目標やシステムだけではだめなんです。思いのやり取りを行い、みなの心がシンクロしないといけないんです。初年度は赤字だったので、三年連続赤字。それでも本社の住友商事が、流れが変わってきているのを見てくれ、さらに一年待ってくれた。信じてくれたのはありがたかった。みな、最近の対話では、自分たちのビジョンを語るようになりました。点が線になり、面になってきた。そしてそれが何層にも重層化してきた実感があるんです。作業だけしていた人間が、お客さまを喜ばせようと仕事を考えるようになってきた。最近では、それらをさらに効率化し、定着させるためにロジカルシンキングとEQの研修をやり始めました。右脳を再生させたので、次は左脳の底上げとリーダーシップ力の強化が目標です」

他者との関係性の中で育まれる「思い」

かくいう宮田氏も住友商事時代はバリバリのモーレツ社員で、最右翼の体育会系的リーダー、「仕事の鬼」だったと自認する。よく部下の意見を聞き、思いを語り合うようなタイプではなかった。そんな宮田氏がなぜじっくりと腰を落ち着かせて思いのマネジメントに取り組むことができたのだろうか。

宮田氏は住友商事の中でも異色の経歴を持つ。人事、プラント事業、労組幹部、21世紀新事業プロジェクト、ブランドビジネス、ウェブビジネスなど、部門縦割りの総合商社の中にあって、部門間連係を必要とする幅広い経験をしてきた。そういう経験の中で仕事のパートナーの立場を意識するスタイルを養ったという。すべてが自分一人でできるわけではなく、相手との共同作業。相手の立場、実力、思いなどを受け止めなければいけないことを深く認識した。

さらに、宮田氏は二度生死の境をさまよう経験をしている。そのインパクトは強烈だった。「自分は生かされている」。そんな思いを年齢を重ねて次第に持つようになったのだ。やはり、自分一人で周りを動かしているのではなく、むしろ自分は周りに生かされている。周りの人の思いを聞いて、それを自分の思いと合体させ、ともに何かを創造していくことが重要であると悟るようになった。そんな宮田氏の思いがユナイテッド・シネマでの経営には反映されている。

「思い」のマネジメントは性急にはできない。自分の生き方そのものであり、それも謙虚さ、賢慮、ケア、共生、共創などの概念とともになくては、相手の思いを引き出すことも、シンクロすることもできない。組織のメンバーとともにある存在としてのリーダー像を感じてもらえない。

宮田氏はいう。「新天地での経験が自分の仕事のスタイルを見直すきっかけとなります。重病やまったくの土地勘のない仕事への異動があると、前の経験が生かされず、自分の存在の小ささを実感するわけです。それが謙虚になり、他者を活かすきっかけになるのだと思います。自分の思いを見つめる契機なんです。そうすると思いを土台として、対話ができるようになります。そこまで純粋になれないと、経験やプライドで仕事をしてしまう。慣れれば流してしまう。そうしている自分に気がつかないのです。周りは思いを語ってくれずに指示待ち族になってしまう」。「やはり、自分の中には、『新しいシネコンのビジネスモデルをつくりたい！』という思いがあったのだと思います。商社としての経営の真骨頂を見せてやる。生きてきたこれまでのいろいろな経験や気づきがこの一点に集中してきた感じでした」

しかし、それは社員にしてみれば、常識外の行動だ。そこで宮田氏が指摘するのが「シャドーワーク」の重要性だ。社員の意識をガラッと変えなくてはならないので、いままでのやり方ではない動きをみなに奨励していった。社員との対話やグッドデザイン賞への挑戦もその一環だ。自分が率先して、いままでのユナイテッド・シネマにはない、シャドーワークを率先して実施、みなにも勧めた。そうやって揺らぎを起こすことで、価値観を変え、ビジネスモデルを変えていったわけだ。現場経験のある実務家たちは、いい仕事をするが、新しいことには否定的になりがち。「経験的にはだめでしょう」とすぐにいうので「でもこういう目的のためにはどうすればいいの？」「じゃ、こうしましょう」という風にしつこく議論していった。強い思いはクリエイティブなシャドーワークを生み出すことがわかる。

ユナイテッド・シネマのシネコンはいままでの映画館のイメージを刷新した。「映画を劇場で観る」という大きな市場創造を目指したトップの思い、そして「みなが楽しく元気よく働ける劇場をつくる」という現場の思い。ユナイテッド・シネマの復活はこれらの思いが重なったＭＢＢの好事例だといえよう。

未来を切り開く思考法

前向きの方向性を持つ主観の大切さ

「思い」を持ち、その思いを高質化している三人にＭＢＢの実践知を語ってもらった。

それらを追いながら、私たちはどのようにすれば彼らのように、現実に流されず、個を確立し、思いを持って仕事に取り組めるだろうか考えてしまう。むろん、企業や組織がそのための環境を整えることは重要だ。しかし私たち個人の側からの働きかけがなければ、組織は動かない。

そこで第2章の終わりでは、個々人が主観や思いをより研ぎ澄まし、育むために日ごろから取り組むべきことをまとめておこう。いわばＭＢＢ実践につながる、よき習慣づくり、基礎トレーニングである。

まず、主観を語るといっても、それが前向きのものでなければあまり意味はない。

アイデアをつぶすアイデアキラーや、後ろ向きの発想で付加価値のつかない暗い主観の発言では困ってしまう。そういう人に主観を持ち出されても、議論が発展していかないだろうし、無益な言い争いの原因にもなりかねない。やはり主観を語るには、自分らしい前向きの方向性を育んでいかなくてはならない。

前向きの方向性とは、自分が未来にどうありたいのか、より良い未来像、成長した先の姿としての未来像を描き、そのような未来に軸足をしっかりと持っていることだ。それは、自分が何を求めていまの仕事をしているのかという夢やビジョンでもある。いわば「未来の自分」を明確にしていればいるほど、自分のスタイル・視点をはっきりさせながらさまざまな話題に切り込むことができる。それによって、効果的に自分の主観・思いを語り、その実現に貢献できるのである。

人にはいろいろな夢やビジョンがある。

「自分はいまの仕事で、社内で一番になりたい」

「徹底的にスキルを磨いて、グローバルで通用するようになりたい」

「いまのプロジェクトで、会社のイメージを一新したい」

このように夢やビジョンを現在の仕事に持ち込めているかどうかで、仕事に対する迫力が違ってくるのである。

さらに自分らしいやり方を編み出し、身につけることも大切だ。

「自分は美しさの観点で、いろいろな問題を切って価値創造の風土を広めたい」

「ファイナンスの最新知識だけは絶対に負けない」

「企画だけでなく、実行についても確実にフォローするのが自分らしさだ」

こうやって自分なりの仕事の仕方の価値観、自分流のスタイルを明確にしてこそ、主観の価値が飛躍的に高まる。周囲の人との現実的なやり取りや、部下への具体的なアドバイスも可能となってくる。

このことは日本だけの考え方ではない。筆者らの海外の友人もみな、仕事のできる人は自分なりのリーダーシップを発揮して、ジョブ・ディスクリプション（職務内容を記述した文書）や仕事の範囲に関して、自分はここまでとは決めずに、手広く（あるいは深く）やっている。そういう人は必ず自分の仕事に強い信念を持っている。いわば仕事への前向きな姿勢はグローバルに共通のコンピタンスなのであろう。

仮説やシナリオで未来を切り開く

自分の主観を育むためには、核となる「思い」を持ったら、それをいろいろな形で発展させていくことが大切だ。それも、「こうしたい」という主観をデータや分析に頼って検証していくのではなく、ストーリー化しながら膨らませていくのだ。

ストーリー化するということは、自分で将来イメージをより具体化していくということだ。つまり、「未来は決まっている」、もしくは「なるようにしかならない」と考えるのではなく、「未来は自分で創造していく」という実存主義的なスタンスを取るのである。この立場を可能にするのが「仮説思考」や「シナリオ思考」、「アブダクション」と呼ばれる思考法である。これは、自分なりの仮説の軸を設定し、その仮説が発生した場合、自分はどういうアクションを取るべきなのかを突き詰めていく方法だ。「What if」の発想法である。

たとえば、「グローバルな人材交流を進めて、社員がグローバルに育ち、能力をフルに活用できるようにしたい」という思いを持っているとしよう。だが、客観的に見れば、海外との人事異動などは自社のいまの実力からして時期尚早と判断される。そこで「時期尚早」と見送るのではなく、主観のストーリーをこんなふうに組み立ててみるのである。

「自社ですべてやるのではなく、企業の枠を超えて海外の大学と共同で、それぞれの文化を相互理解する場を設定するような環境づくりから手掛ければ、幹部や社員も海外の人との交流に慣れてきて、前進しやすいはずだ」

こう仮説を立ててみたとき、どのような時に支持されてうまくいくのか、逆にうまくいかないのか。世の中の流れはどうなっていくのか、それを考えるとどういう条件が必要になってくるのか――。これらを考えていくのがシナリオ思考である。これは客観的データの寄せ集めでは組み立てることはできないだろう。あくまでも自分の世界観（文脈）に基づいてデータを切って、ストーリーにしてみることが必要だ。

データだけで意思決定していくと一般論的な結論しか出てこない。たとえば、「日本の企業とコラボレーションしている大学数は減少傾向にあるし、留学生の数も伸び悩んでいるので、大学を巻き込んだ交流は意味がない」という推測しか出てこない。しかし、欧米やアジアの大学に社員を派遣したり、自社に外国からの留学生を招待したりするプログラムに仕立て上げれば、独自の研修などを設計できるかもしれない。

このように、自分の思いを達成するためには、どういう条件に対して、どういうアクションが必要なのかを既存のデータや資料のみに頼らず、イメージを膨らませて構想していくことが重要だ。

問題意識のリストを作成する

主観を追求しようとする場合に、もう一つ重要なことは、常に問題意識を忘れないことだ。自分の「思い」を達成するためには、いつもそのことを考え続ける。そうすればこそ、「ハッと気がつく瞬間」に備えられるのである。

古来より、考え続けることが思いの達成につながってきた。王冠がすべて純金であるか壊さずに調べるように命じられたアルキメデスが考えに考え、困り果てていたとき、風呂からあふれ出るお湯を見て「ユーレカ！（わかったぞ！）」と叫んだように、また日常の中に法則を見出そうとしていたニュートンが木からリンゴが落ちるのを見て万有引力の法則にハッと気がついたように、その瞬間に備えておくことが重要だ。

私たちは日常の中であまりにも多くのことを忙しくこなしているせいで、気が散漫になりがちだ。それは自分の主観を成長させようとする場合には障害になる。だが、そうはいっても、仕事の手を抜くことはできない。となると自衛策は、常に自分の問題意識を意識し続けるしかないのである。

取り掛かりとして自分の「問題意識リスト」を作成してみるのがいいだろう。「マイテーマ」について考えておくべき点は何かをリストアップし、常に眺め、アップデートしていく。試しに、先ほどのシナリオ思考で取り上げた例でリストをつくってみよう。

①海外の優秀なキーマンが抱いている日本への関心は何か。
②海外の大学の中で、日本に注目していたり、かかわりの深いところはどこか。
③海外の大学で、日本に関心を寄せてくれている教授はだれか。
④自社と大学がコラボレーションを行う場合、インパクトのあるテーマは何か。
⑤海外の企業の中で、同じ問題を抱えていて、賛同して相乗りしてくれそうなところはないか。

このように、問題意識リストづくりは自分で簡単にできる。地道に自分に問いかけていくと、セレンディピティ（まったくの偶然から生まれる重大な発見や発明）にも出会える。ただし、そのためには感受性と情報力が必要である。

第2章では個にスポットライトを当ててMBBの重要性を語った。第3章では、経営・マネジメントの側面からMBBの価値を説明していこう。

第3章

MBBが経営にもたらす価値
——高い志、知の創造と共有

「思い」をベースに目標を高質化するMBB経営

MBOの目標に「思いの裏打ち」をつけるMBB経営

ＭＢＢはそれ単独で存在するのではない。経営計画から目標管理に連なる業務管理手法が左脳のプログラムだとすると、ＭＢＢはその背後にあって、それらの質を高め、個人が主体的にそこに参画できるようにする右脳のプログラムである。左脳のプログラムと右脳のプログラムは共存し、相互に影響を及ぼしながら豊かな組織活動を導く。ＭＢＢはいわば経営の中で主観を機能させるＯＳといってよい。そこでＭＢＢを経営に活かすことで、経営にどのような価値がもたらされるのかを考察してみたい。

ＭＢＢの特徴をより理解できるように、ＭＢＯ（目標管理）と比較しながら説明していこう（図表4）。

ＭＢＯは個人レベルで設定される年々の業務目標と、一年を通じたフォローアップ、年末の評価を指す。個人目標は上位者の目標のブレークダウンであることが必要であり、ＫＰＩ（Key

図表4 ● MBOとMBB

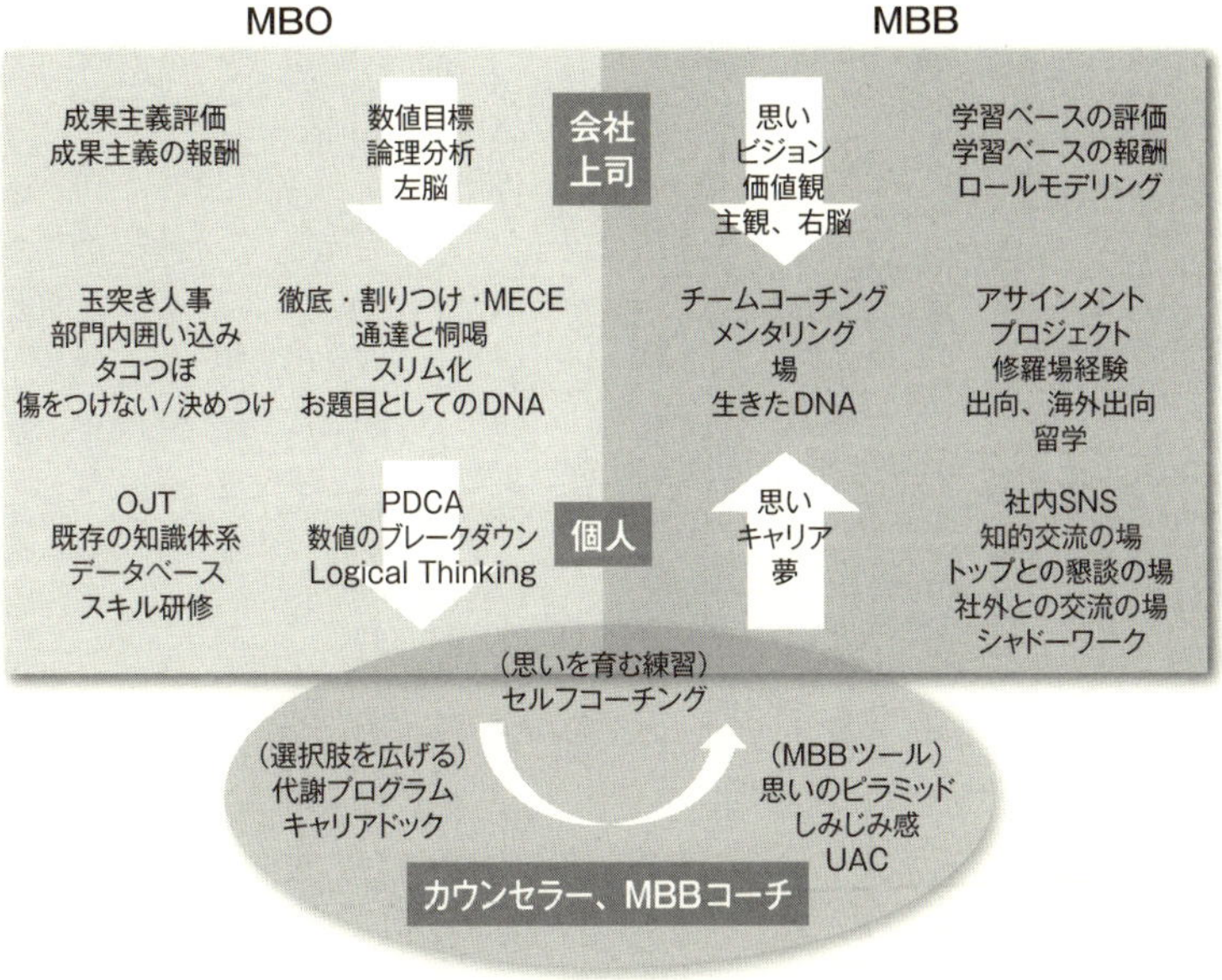

Performance Indicator）などと呼ばれる数値に落とし込まれた管理指標と方策（目標達成のための手段・アクションプラン）などからなる。指標（何を）、水準（どれだけ）、手段（どのように）、期限（いつまでに）が明確にされる必要がある。このようなMBOをきちんと上司と部下で合意し、かつこまめに進捗をフォローしながら回すことで、PDCA（Plan-Do-Check-Action）の管理のサイクルがきちんと回り、個々人の成果が正確に測られる。また、その積み上げが全社の経営目標の達成につながると考えられている。

MBOでは事業目標に連なる

個人目標の具体化（目標の連鎖）やその数値化（メジャラブルか否か、ＳＭＡＲＴ基準に合致するか否か）が不可欠となる。また、ＭＥＣＥ（Mutually Exclusive, Collectively Exhaustive：漏れなくダブりなし）な目標体系をつくり、論理分析的に整合の取れた予定調和的な方策を年初にかっちりと決めていく。後は粛々と実行あるのみだ。

そこに思いが介在する余地は少ないし、実際の現場では日程に追われて、十分な検討や議論のないまま、所属部署や個々人の目標や手段が設定されていくことも多い。これがやらされ感のある目標管理につながってしまう。個人の持つすばらしい仕事をしたいという思いとは無関係な文脈で目標の方向性もレベルも決まっていくからだ。

本来われわれが持っていたい仕事への思いを差し込むのがＭＢＢである。ＭＢＢでは、経営に必要な事業目標や年度目標の裏打ちとしての思いの存在とその質を重視する。思いのない単なる数値目標はＭＢＢの世界では経営目標とは認められない。「なぜその目標を目指すのか」、「なぜそれが正しいのか」、「どういう世界観を実現しようとしているのか」。このような根源的な問いを疎かにせずに、経営目標という最高位の目標はもちろんのこと、それが落とし込まれてできてくる各部署や個人の目標にも同様に、思いを込めようと努力する。経営も個人も自分のやろうとしていることに対して、きちんと「意味づけ」をする。しかもより普遍的でグローバルな視点から、正当性を考える。それはＭＢＯで行う目標に対して、個人の思いの裏打ちをしっかりと縫いつけていく作業に他ならない（図表５）。

各部署や個人は上位目標を単純に目標の連鎖として受け止めるのではなく、上位目標を自分自

図表5 ● MBOとMBBの表裏一体関係――目標の連鎖 as 思いの共有

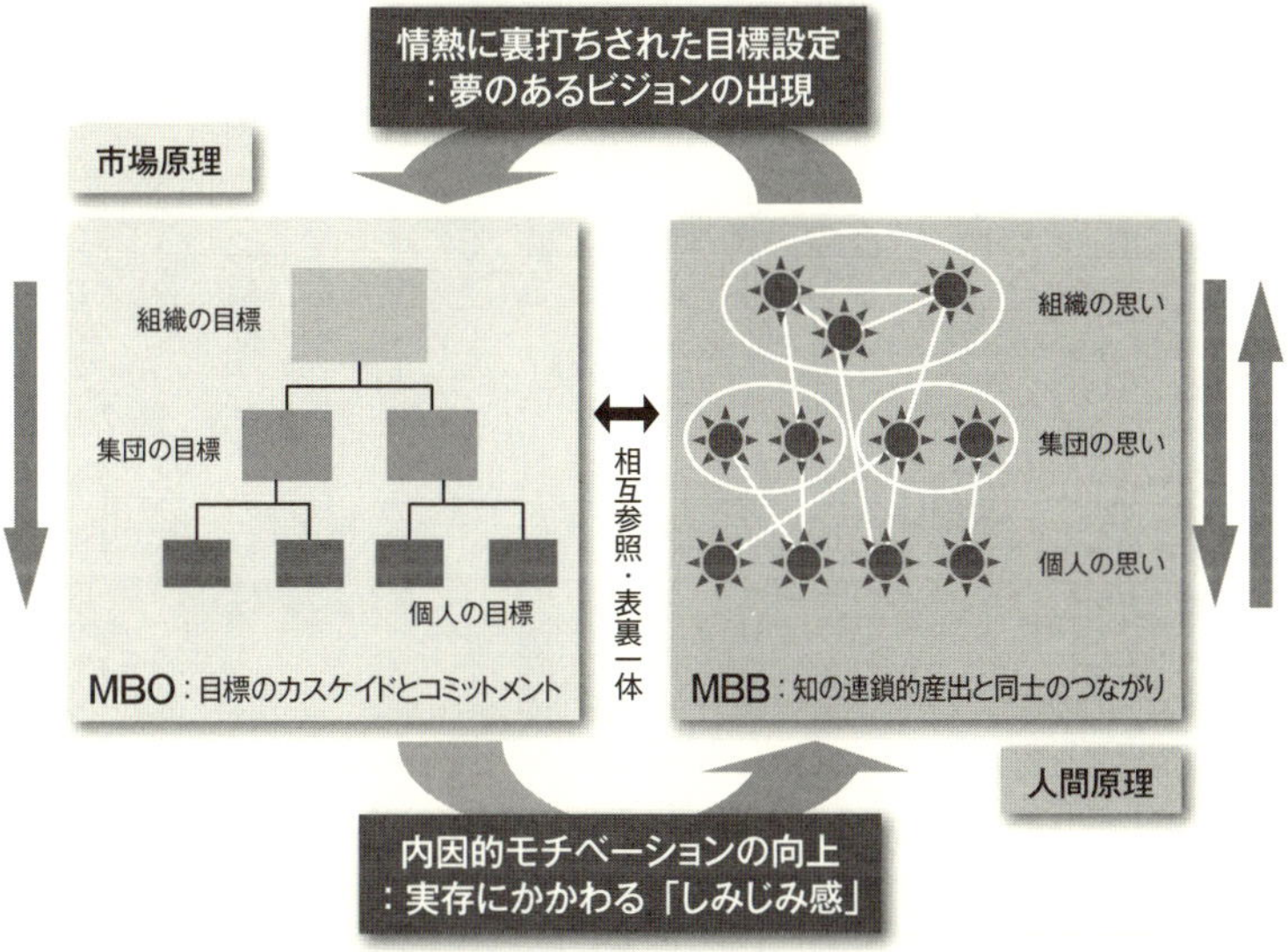

身の思いと照らし合わせて、自分なりに解釈し、自分なりのビジョンを示し、それを自分の目標に置き換えて方策に落とし込む。これがＭＢＢ流の目標・思いの落とし込みである。ＭＢＯで、個人目標が上位目標の有無を言わせぬ割りつけになりがちなのとはまったく異なる。

それゆえＭＢＢでは、上位者は目標をブレークダウンして個人に割りつけるのではなく、思いを伝え、部下にそれを具体的な目標案、あるいは方策案として提案させるのが正しい。目標の連鎖というよりも「思いの連鎖」あるいは「ビジョンの連鎖」を築く。

そうした連鎖をつくるには、思いを上司と部下との間でぶつけ合う必要がある。これがMBBのコミュニケーションだ。MBOなら上位者が目標だけを通達し、徹底して実行させることもあるかもしれないが、MBBのプロセスはそれとは大きく異なる。

上司と部下が思いをぶつけ合いながらできあがってくる目標には、各人の思いが込められている。だからチームの目標、部門の目標、会社の目標を成し遂げる中で、同時に個人の目標も達成されるということになる。

それゆえ、MBBで「目標値が高い」というのは、MBOでの数値の高さとは意味が異なってくる。目標値が高いということは、MBOではストレッチして二桁成長を狙うなどのように、結果としての数値の高さ、チャレンジの困難度合いを指す。しかし、MBBの世界では「志が高い」ということになる。自分の思いを込めて、世界に胸を張れるような主張を込めているからだ。

これは、単に背伸びをしたストレッチゴールとは異なる。MBOで使われるストレッチゴールはやらされ感につながりがちだ。しかしMBBで目標をストレッチするとは、志をさらに高くすることであるから、その達成を目指すことはやらされ感ではなく、やりがいにつながっていく。

「思いのネットワーク」の形成

MBBでは、各職位に落とし込まれた「目標の体系」もMBOのそれとは違ってくる。より本来的な姿として、「思いのネットワーク」となって立ち表れてくる。

元気のいい会社では、トップが描いたビジョンを組織を挙げて何とか達成しようと、組織のメンバーが自律的なネットワークを形成し、協力し合う傾向が強い。その過程では、多くの部署が組織図の垣根を越えて縦横に連携し、会社として正しいことを模索し合う。MBOが部署の成果を強く追い求めるために、組織を超えた連携が見られず、全社としては部分最適になりがちになるのとは異なる。

通常われわれは、トップから下ろされた目標の体系を組織図に重ね合わせて理解する。各部署が何を今年の目標にしているかが一目瞭然にわかる。しかし、それにもかかわらず実際にはほとんどの企業では、各自が全体を意識することなく動いているのではないだろうか。互いに他部門のことなど関係なく動く。全社的な課題はピラミッドの上位では、協働意識を持って設定されるかもしれないが、いったん各部門にばらされてしまうと、その後はどんどん組織のボトムに向かって分解されていくので、組織の末端に行けば行くほど、上位の連動性には無関心になる。

これはある意味で当然だ。下のほうからは上位でどのような関係で目標が関連し合っているのかはうかがい知ることできないのが普通だ。課長に聞いてもまずわからない。これが受身で目標を設定している組織の実態であり、部分最適の集合体となっていく。変化に対しては当然硬直的で鈍くなる。組織成員の全体視野がなく、無関心であるがゆえに、外部情報のインプットを全体や関連する部署の意思決定プロセスに乗せるルートがないからだ。組織全体がバラバラの粒子で構成される状態、すなわち「粒々族《ツブツブ》」シンドロームに陥っていくことになる。

一方で、柔軟に目標を変え、環境の変化に応じて動く弾力性のある組織では、その変化の初動はトップの場合もあれば現場の場合もある。どこからでも外部の情報がインプットされ、必要な部署やトップに伝わる。これは組織成員の各自が、自分の直接の業務範囲を超えて、より大きな視野で会社に対する思いを持って、「自分の問題意識リスト」にある質問を問い続けているからだ。そうした思いを持ったメンバーが思いをぶつけ合っているので、自然と仲間同士のインフォーマル・ネットワークが形成されており、それが組織に揺さぶりをかけていく。これが「思いのネットワーク」の作用である。

もちろんMBBの場合であっても、目標が高ければ当然困難を伴い、組織間の利害調整が必要になってくる。それでも組織のメンバーが縦横に協働し、達成に向けて動くのは、そこに共通の思いが込められているからである。これも思いのネットワークのなせる業である。思いのネットワークはダイナミックでインフォーマルな動きだ。

思いのネットワークの中では、目標が設定されたら、各部署がその背後にある「思いを共有」し、互いに共感しようとする。それは単なる情報の共有にとどまらない。情報の共有だけでは、その背後にある文脈、すなわち、目標設定の思いや背景は理解されず、かえって自分に有利なように情報を悪用し、縄張り争いや資源の争奪戦に発展しかねない。これはMBOが陥りやすいワナともいえる。フランス・ヨハンソンのいうように、役割分担が協業のためのベースというよりも、責任追及の基準になってしまう場合が多いのである。

「思い」を共有し、実践する「チームコーチング」と「SECIモデル」

いったん目標が設定されたら実行に入るという点では、MBBもMBOも変わらない。だが、MBBで「思い」の裏打ちを確認しながら実行するためには、目標設定の時点で思いを語り合って、相手を動かす「チームコーチング」の手法を取ることが肝要だ。目標を「だれかから与えられたもの」にしないためだ。

とくに昨今では、企業が正社員を減らす一方で業績目標をストレッチさせたために、マネジメント層がより早く成果を上げようとして、指示命令型のマネジメントが強くなっている。それがまた現場の疲弊感を強めている。

詳しくは第5章で説明するが、チームコーチングは通常のコーチングのように「上位者からの質問によって、答えを部下から引き出す」だけではない。ましてや「誘導したり、説得する」ものでもない。上位者がまず「自らの思いを積極的に投げかける」と同時に、相手に「相手の思いを引き出す問いを投げかける」形の双方向の「思いを軸にしたコミュニケーション」だ。上司からスタートはするものの、MBOで用いられがちな指示命令によって組織を動かそうとするやり方ではない。実践知③で宮田氏のとっていた対話法だ。

またMBOにおいて実行はPDCAサイクルでフォローするが、MBBではいかに自分なりの、もしくは組織なりの知が創造できたかという「SECIモデル」でフォローしていく（図表6）。

図表6 ● 組織的知識創造のプロセス——SECIモデル

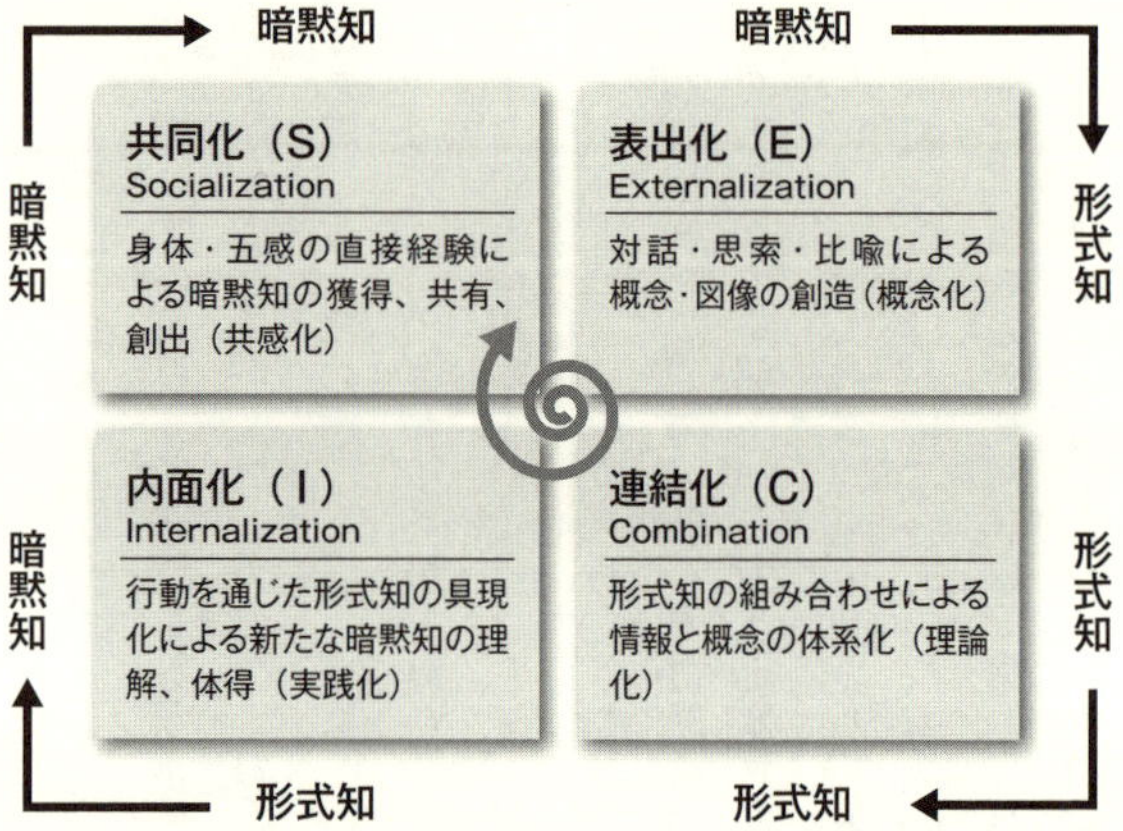

なぜＳＥＣＩモデルなのか。知を創造することは、高い理想を掲げながら、未踏の分野へ踏み出し、都度の事象や出会いの中で新しい価値を手に入れ、学習していくプロセスである。それゆえ、Ｐｌａｎで始まり、それをひたすら実行するという単純な作業では達成できない。それゆえ、仕事の中でも、to doリストをつぶしていくようなスタイルではなく、どのように実行するのかを自分の殻に閉じこもらずに考え、コンセプトを生み出し、形式知化していくＳＥＣＩモデルが回っていることが必要になるのである。

したがって、評価もＭＢＯで最初に決めたことが実行できたか否かというだけではなく、途中のプロセスでどれだけの発見や学習を行い、自分の志を高め、明確にできたかが評価の対象となっていかねばならない。これをＭＢＢでは「学習ベースの評価」と呼ぶ。

このように、ＭＢＯをＰＤＣＡで回すのと同時に、ＭＢＢをＳＥＣＩで回していくという、ダブルループのマネジメントが必要になってくる。ＭＢＢでは思いを中心に据えて、やるべきことを明確にし、一年を通じて学習し続けていくので、既存の業績管理手法の裏側で、きわめて人間的なやり取りが行われることになる。

学習ベースの評価は、所与の目標の達成度をチェックし、賃金や昇進といった外因的インセンティブに結びつけるためにやるのではない。自分の思いを明らかにし、思いをベースにした目標案、方策案を立て、それを達成するための仮説をつくり、実践し、学習し反省し成長していくプロセスのクオリティを測るのである。

それゆえ、ＭＢＢのゴールはＭＢＯのような単年度の結果だけでは終わらない。思いが大きければ、単年度を越えて、「永遠に続く学習プロセス」、「自分らしさ・自分の夢を追い求める道」としてとらえる。そのプロセスでの進歩を確認していくことが大切であり、必然的に長期的な展望を持って行われる。単年度の結果に右往左往して、周囲や成員の疲弊を省みずに、もっぱら株主を満足させようという経営とは大きく異なってくる。

窮屈な権限規定や役割分担を打破する「無境界行動」

大きな「思い」を持って目標設定を行い、実践しようとしたときに障害となるのが実は、組織そのものだ。組織とは、いったん目標やビジネスモデルが定まったときに、その目標達成やビジネスを円滑にするためのしくみだ。しかし、思いをベースに新たな発見を積み重ねて変化に柔軟に対応し、大きな成果を出そうとすると、いったん決めた組織との矛盾が生じてしまう。それゆえ、思いを持って行動するというのは組織の中では現実にはたいへん難しくなる。

しかしそれを壊して進んでいるMBBの実践者（MBBer）たちを第2章のケースでは紹介した。そこにあるのは、自分たちの境界を意識しない姿だ。「無境界行動」といっていいだろう。日産の改革で活躍し有名になったクロス・ファンクショナル・チームの目指すところも同じだ。日産の部門縦割りの構造の中で聖域としてタブー視されていたさまざまな慣習、ルールやしくみを、日産再建という共通の思いを胸に、乗り越えて変えていったしかけだ。

思いを中心に組織のあり方を描いていくと、従来と変わらぬ権限規定や役割分担は非常に窮屈なものに感じられてくるはずだ。社員の思いに支えられていると、バウンダリレスで課題が設定されてしまうからだ。それゆえ大切なMBBの行動パターンが、組織や自分の枠を意識しない「無境界行動」ということになる。

そもそも組織の見方についてわれわれは一種の固定観念を持っている。それは、カール・ワイクによれば、組織の「ミリタリー・メタファー」であり、また組織を「名詞」として見る見方だ。ミリタリーメタファーにより、われわれは組織を統率の利いた勝つことに目的を絞った軍隊のようなしくみと考えてしまう。また、名詞として捉えることにより、組織図や権限規定、守るべきものとして捉えてしまう。しかし、実際には組織を動かし、定義するのは人であり、人々の「関係性」の中で、川の流れのように常時変化していくプロセスが組織の実態である。それは、人々の相互依存関係や政治、リーダーシップ、認識や価値観、それらを伝えるメタファーなどが左右する、きわめて「動詞的なプロセス」である。それなのに、われわれは組織によって決められた境界や規則を無条件に受け入れてしまう癖がある。

この無境界行動を実際に組織文化として定着させているのが、産業用冷却装置の最大手、前川製作所である。彼らはそれを「場所主義」と名づけている。

前川製作所では、ひとたびプロジェクトに入ると、製造、開発、販売の各部署から出てきた社員は、各自の組織の代弁者でいることが許されない。彼らは役割分担を超えて、顧客ニーズを汲み取ることが求められる。彼らはもはや部署の代表者ではなく、「マエカワ」の代表なのだ。したがって、出身部署の最適化を図るのではなく、場所、場所で、つまりプロジェクト単位で最適化を図るのである。これが前川製作所の場所主義である。

いま、企業に必要なのは、組織図による一定の秩序を保ちながらも、それを常に見直し、乗り越えていく活動を許容、促進する無境界行動や場所主義を徹底できる文化を醸成することだろう。思いのある個々人は閉塞感のある組織の中で、組織図に従うべきなのか、それともそれを乗り越えて信念に従うべきなのか迷っている。信念に支えられた行動も許容されるのだということがわかれば、多くの無境界行動が起きてくるだろう。それが自律的な組織を形成し、部分最適を乗り越える力となっていく。

そして、このような、従来型の組織観では一見許されないような行動に突き動かされ、組織の中で実践する個人を許容するときのキーワードが「シャドーワーク」だ。通常の業務や意思決定プロセスから外れた行動をシャドーワークと呼ぶが、規定外の行動を大いに奨励することで、組織は個人本来の活力を押し込めるのではなく、発散させることができ、生き生きとした風土を取り戻していくだろう。シャドーワークを奨励し、無境界行動を増やせば、思いを増幅し、SECIモデルが回り、思いが目標を高度化する正のスパイラルが起きていくだろう。

また、教育も変わる。なぜなら、従来的な教育研修で所定のスキルを習得する目的は、組織図と業務分担を決めるのと同じ論理だからだ。すなわち、一定の目的達成のために必要なスキルがブレークダウンされ、それが教育体系や能力要件となって、社員は型にはめられていく。しかし、思いは常にそれを超えていく可能性をはらんでいる。思いをベースにした無境界行動で、成果を出していくために必要なスキルが、すでに教育体系の中でリストアップされているとは限らないのである。

しかもそのようなスキルが何かはあらかじめ特定できない。むしろ普段から自分の思いに照らして、自分でつかみ取っていくしかない。自分の思いを上司に語り、上司とともにその思いにふさわしい研修を探すこともあるだろう。また、上司が「修羅場経験」を与えたり、上司が部下との対話の中で、目を見開かせるような「体験談」を提供していくこともあるだろう。そのような上司と部下との間での対話の中で、新たな学習への扉を開けていくことが、MBB経営の教育面での役割になる。自己学習への気づきを与え、思いの高質化を狙っていくことが重要だろう。

これは、まさにラム・チャランのいう「徒弟制」モデルに近い。MBBの実践者を育てていくためには、思いを通わせ合い、右脳を活性化させるような人と人とのつながりをベースにした、いわば徒弟制が必要だ。また上司であるミドル同士が問題意識や悩みを相互にフランクに共有する場も重要だ。上司としてMBBを実践するためには、まず課長同士がフランクになって相互学習し、気づきを与え合い、思いを明確化することで、自信を持って部下に思いを語れるからだ。

ワークもライフも渾然一体となるMBB型ワークスタイル

昨今、ワークライフバランスが唱えられ、多くの企業でその取り組みが進んでいる。仕事と家庭生活（プライベート）の双方を充実させる考え方であるが、従来そこにあった視点は仕事と生活の切り離しである。つまり仕事は仕事、家庭は家庭という考え方だ。

思いのマネジメントにおいては、仕事と生活を切り離すという発想はない。「私」も「公」も渾然一体となってしまうからである。

仕事への思いはパッションである。そのパッションが本物であれば、夕方5時になって終業したからといって、それとともに消え失せる性質のものではないだろう。〝プロ〟と呼ばれる人たちが仕事を離れて、たとえ遊んでいるときでさえ直観的に「これは仕事に使える」という頭の働き方をさせているのと同様である。プロは本心から自分の仕事を楽しんでいるから公私の間に壁がなくてもまったく問題がないし、むしろプライベートの中で自分の仕事を高められるアイデアやヒントを発見することを楽しみ、大事にしている。イチローは野球は趣味であると言い切っている。だから四六時中考えていることができるし、現状に満足せずに次々に新しいことに挑戦したくなるともいう。まさに、渾然一体なのだ。

「MBB型ワークスタイル」もその考え方を基盤にしている。

仕事に押し流されるのを防ぐためにバランスを取るという視点でのワークライフバランスは20世紀型のワークライフバランスだ。そのようなすみわけの発想ではなく、ワークもライフも渾然一体となって、自分の思いに夢中になるのがMBB型ワークスタイルである。第2章で紹介したMBBの実践者はまさにMBB型ワークスタイルの体現者である。

自分の思いがあれば、すべての時間が勉強であり、思索の時間になり得る。思いを持てないような状況に社員を押し込んだがために、20世紀型のワークライフバランス論が台頭してきたともいえよう。知識経営の時代にあって、クリエイティブクラスが増大すればするほど、単純なワークライフバランスは意味を失っていくだろう。21世紀型のワークライフバランスとは、物理的な時間配分の問題ではなく、自分の意識の時間配分の問題になっていく。

MBB型ワークスタイルが20世紀型ワークライフバランスを超えていくとき、人事部をはじめとする管理部門もまた変わる必要があろう。

人生を積極的に生きる思いを持った社員が生き生きできる組織をつくり、彼らをサポートし、育成するためには、従来のようなしかめ面をした官僚型の管理部門であってはいけない。自らも「思いのあふれる管理部門」となり、新しいことに好奇心の尽きないチャレンジ精神あふれる「サポート部門」になる必要がある。

ここで整理してみよう。

ＭＢＢの基本的な要素は、思いの込められた目標、上司と部下で思いをぶつけ合う思いの連鎖、組織を超えた連携を促す思いのネットワーク、ＳＥＣＩモデルによる実績のフォロー、長期の展望を持ったゴール、学習ベースの評価などである。そして、無境界行動やシャドーワークを推奨し、社員が縦横に思いを持って組織の中を動き回り、思いのネットワークで仕事をすることを許容する。研修体系も既存の知識やスキルを教え込むのではなく、新たな発見や気づきを起こさせるチャンスを提供していく徒弟モデルやミドル同士の気づきのディスカッションがベースとなる。そして社員は自分の思いに情熱を燃やして、生き生きと人生を楽しんでいる。このようなＭＢＢの基本要素をビルトインして、普遍的な価値の創造を目指していくのが「ＭＢＢ経営」の姿だ。

ＭＢＢはトップのビジョンから始まる

こうしたＭＢＢ経営でもっとも大切なのは何だろうか。それは間違いなくトップの「思い」であり、その表明としての「ビジョン」である。その思いやビジョンについては、トップ自身の言葉で自分の経験に基づくストーリーを込めて語られる必要がある。思いを育んだトップの個人的な経験は組織全体に影響を及ぼす強さを持っている。

シャープの前社長、町田勝彦氏は自分がテレビ事業部長だったころ、大手メーカーとなかなか対等な戦いができないときの悔しさを、トップ自らの思いというストーリーに仕立て、ビジョンに反映させた。それが多くの社員を動かし、液晶テレビ、アクオスの快進撃の原動力となっていくのである。

町田氏は１９９８年の社長就任後すぐに「２００５年までにシャープは国内で販売するテレビをすべて液晶に変える」と宣言する。このビジョンはしかし、大半の社員にとっては青天の霹靂であり、その当時のシャープの実力をはるかに超えた壮大すぎるビジョンだった。しかし、町田氏は丹念にコミュニケーションを尽くし、関連各部を説得し続ける。「わかりやすく、根気強く、心に届くまで」と町田氏自身表現している。こうした思いのチームコーチングが社員の思いを手繰り寄せ、一体にして、当初は「だれも信じなかった」困難な目標が達成され、シャープはテレビでは弱小メーカーだったにもかかわらず、一躍、日本ナンバーワンに躍り出るのである。

さらに、トップの高い志と社員の思いのベクトルが合うことで、液晶テレビのサイズは、当初町田氏が想定していた三〇インチをはるかに超え、町田氏本人も驚くほどの組織力が発揮され液晶の可能性を大きく広げていった。町田氏は「社員のベクトルが合うと、どれほどの力が出るかを実感した」と語っている。それも、まずトップがビジョンを示し、高い志を語ったから可能になったのである。このように、大きな力を生み出す「予測とも展望とも異なる」ビジョンづくりが、ＭＢＢの出発点である。

この章で実践例として紹介する三人の経営者はともに強い思いを持って、短くも実に力強いフレーズでビジョンを全社員に示している。そして、先に述べたＭＢＢ経営の要素を遺憾なく発揮し、大きな成果に結びつけている。

新しい日本型のリゾートを目指すトップ、星野佳路氏は「リゾートの達人」というビジョンを明示する（実践知④）。M＆Aの草分けである吉田允昭氏は自分たちのことを、企業買収の「触媒」と呼び、「M＆Aの本質は経営者の苦しみを分かち合うこと」と達観するに至った自分の物語を社員に語り続けている（実践知⑤）。また、外資系企業グループにあって日本発の経営をアジアへ広げていったトップ、三島大二氏は「ワンアジア」のフレーズで計画を進めていった（実践知⑥）。いずれの事例も企業の成長はトップの実体験に基づく体感から始まっている。事例からはそれを読み取るとともに、各トップが自分の思いを組織に広げていくプロセスにも注目してほしい。

実践知❹

「リゾート運営の達人になる！」
──ビジョンを楽しく共有し、考える社員をつくる経営

星野佳路
星野リゾート社長

MBB経営の発端は経営者のビジョンである。経営者は「思い」のこもったビジョンを示し、社員の思いを刺激し、ビジョンを組織の中に浸透させ、共有するよう心を配らなければいけない。それがMBB経営の基本的な流れである。ここで紹介する星野リゾートの社長、星野佳路氏は「リゾート運営の達人になる！」というビジョンを持って、その実現に徹底して立ち向かう経営者である。このビジョンには、リゾートに対するこだわり、美意識、エコロジー、グローバルなどの星野氏自身の強い思いが込められている。

「リゾート運営の達人」に託された〝思い〟

リゾート業には三つの形態が存在する。「開発」、「所有」、「運営」の三つである。その中でも

星野リゾートは「リゾート運営の達人」を標榜している。そのビジョンの下で、星野氏は、まず軽井沢の老舗温泉旅館、星野温泉旅館を魅力的な滞在型の温泉リゾートに変貌させた。それに続いて、日本全国でいまだバブル崩壊の後遺症に悩む大型リゾートや各地の老舗温泉旅館の再生事業に尽力してきた。

星野温泉旅館は現在、「星のや　軽井沢」と名を変え、「もうひとつの日本」をテーマに、川沿いに離れ屋感覚で客室を点在させた情緒あふれる光景を楽しめる贅沢な和風リゾートに変貌している。軽井沢地区の温泉旅館の年間平均稼働率が四〇％である中、星のやは七〇％以上という人気温泉リゾートになった。

星野リゾートの前身は星野温泉旅館である。1904年に軽井沢で開発に着手し1914年に開業している。1965年には軽井沢高原教会を改築し、ブライダル事業に進出した。軽井沢のブランドと自然を生かし、発展してきた老舗温泉旅館。それが星野温泉旅館だ。ここまでは開発、所有、運営が一体となった事業形態である。

星野佳路氏は星野温泉旅館の長男として生まれ、跡継ぎとして育てられた。１９９１年に弱冠三一歳で旅館を継ぐのだが、老舗旅館としては若すぎる抜擢である。そこには１９８７年に施行されたリゾート法の影響が大きかった。

「旅館業の経営はそもそも不安定です。極端な話、浅間山がちょっと噴火しただけでもそのたびにつぶれるかつぶれないかと大騒ぎするくらいです。リゾート法で大資本が参入してこられるようになったのは、浅間山の噴火以上のインパクトがあったのです」

リゾート法の登場が若い星野氏の起用を早めた。星野氏は社員とその家族が生計を維持できる方法を探る。圧倒的な資本力を持ってリゾートを開発したり所有する大手には到底かなわない。ならばリゾート法で新たに参入する大手が不慣れな運営に特化するのが生き残る道だ。運営の手腕が認められれば、そうした大手から運営を委託されるかもしれないと星野氏は考えた。

ビジョンを具現化する三つの数値

リゾート運営の達人をビジョンに掲げ、新しい星野リゾートの歴史の幕が開いた。しかし当然ながら、それまで何の実績もなかったため、運営を任せようというところはどこも出てこない。世間に運営の達人として認められるためには、実績が必要だった。星野氏は「自分のところに競争力がなくて、だれが運営を任せてくれるのか」と考え、まずは星野温泉旅館を高収益体質に変える挑戦から始める。時間をかけて近代的な経営を導入し高収益を生み出せる企業へと脱皮していった。

星野氏は「教科書的なことしかやっていない」という。たとえば、星のやでは高収益を得るためにターゲット顧客を設定した。これからの顧客はおそらく海外の高級リゾートのすばらしさを体験しているはずだ。それと同じようなすばらしさを日本でも味わいたいと思うだろう。そう考えた星野氏は、従来の日本の温泉旅館のように食事の時間が決まっていて、旅館のお仕着せの料理を食べるという固定化したスタイルを否定した。世界のリゾートの水準や自由さを知った宿泊客でも、窮屈さを感じることなく、長く滞在できるように、「ゆったりくつろいでもらう」ことをコンセプトにした。連泊を前提として自由に過ごしてもらうために、宿泊と夕食を切り離して、好きなところで食事ができる自由を提供した。世界の流れを知り、日本の常識に挑戦し、本来自分たちがどうしたいのかを一つひとつていねいに考えていくのが星野流のあたりまえの経営だ。

ビジョンにおいても、星野氏のそれは教科書どおりだ。ビジョンを壁の花にしないように、それを具現化し、社員に浸透させるために、三つの数値を掲げた。「顧客満足度2・5」、「利益率二〇％」、「エコロジカルポイント24・3」である。

顧客満足度はマイナス3点からプラス3点で評価する。四〇ほどの調査項目を設定し、継続的に満足度を測っているのだが、面白いのは、満点を取る必要はないという姿勢だ。リピート利用を決定づける一〇ほどの項目についてはむろん満点が要求されるが、それ以外については「不満でなければいい」と考える。つまりメリハリの利いた顧客満足度であり、メリハリをつけることで、社員が闇雲に形だけ顧客満足を追いかけるのではなく、一つひとつの行動で何を目的にどうしなくてはいけないのかを考えさせようとした。

エコロジカルポイントアップのためには、施設内の温泉の使用後のエネルギーへの再利用での自家発電、レストランでの食べ残しのないメニューの開発など、あらゆるところに気を配るように、社員に考えてもらう。

利益率と顧客満足度やエコロジカルポイントはともすると相反する概念でもある。顧客満足を上げようと思えばコストがかかる。しかしリゾート運営の達人というからには、リゾートの所有者（オーナー）のためにきちんと利益を上げる必要がある。そうでなければ運営を任せてもらえるはずがない。それゆえ、二〇％というきわめて高い利益率の目標を掲げ、社員にこの矛盾を解くアイデアを考えさせた。この三つのバランスについて星野氏は社員に考えながら仕事をしてほしいと、あえて難しい注文をつけているわけだ。

「当時としてはとても考えられないほど高い数値を掲げました。それで多少後悔しているところもあるのですが（笑）、達成すること自体が重要だとは思っていないのです。大切なのは数値の達成を目指すそのプロセス、社員が考える癖をつけること、さらにいえば、社員一人ひとりがどういうリゾートにしたいのかという思いを持って仕事をしてほしいということなのです」

実際、三つの数値の同時達成はいまだ果たせていない。だが、社員全員が同じ目標に向かい、考え、努力することに大きな意味がある、というのが星野氏の考え方である。星野氏が掲げる三つの数値へのアプローチは、きわめてＭＢＢ的である。ストレッチした目標を必達させるだけの経営では社員を疲弊させるＭＢＯになってしまう。星野氏は、その必達ではなく、その経過でどこまで深く考えたか、どう協力したか、何を学習したのか、などを重視しているわけだ。

ビジョンは楽しく身につける

星野リゾートが真にリゾート運営の達人になろうとすれば、社員全員が三つの数値を自分のものにする必要がある。そのために星野氏はユニークなツールをいろいろと使っている。

たとえば「リゾート運営の達人カップ」と呼ぶコーヒーカップである。コーヒーをなみなみと注いで、それを飲み進むごとに（コーヒーが少なくなるごとに）カップの内側に「経常利益率二〇％」、「エコロジカルポイント24・3」、「顧客満足度2・5」、と次々とビジョンが現れてくる。最後まで飲み干すと、なんとカップの底には「リゾート運営の達人！」と書いてあるのである。

知らず知らずのうちに、また否でも応でも、コーヒータイムのたびにリゾートの達人に要求される、高くストレッチした数値目標を繰り返し記憶させられてしまう。これがＭＢＯ的な目標であればうんざりだが、星野リゾートの場合はＭＢＢ的な目標なので、遊び心として受け止められ、「よし頑張ってみるか」、「よし挑戦してみるか」という気持ちを喚起させるのである。

また、ユニークな目覚まし時計もある。ベルで時間を伝える代わりに、時間が来ると三つの数字をしゃべり出す目覚まし時計である。四角四面に数値を覚えこませるのではなく、ユーモアと遊び心で浸透させていくのがミソである。

「社員が家族に『うちの社長はこんな面白いことをやっているんだよ』と笑いながら話してい

るうちに、数値をしっかり覚えてしまいます」

星野氏の思いやビジョンが、グッズを通して社員一人ひとりに染みわたっていく。これらの遊び心あふれるツールを使ったビジョンの浸透は、右脳と左脳の頻繁なる往還運動を活用している。思い（右脳）がコーヒーカップや目覚まし時計を介して三つの数値（左脳）に変わり、三つの数値は再び思いを呼び起こさせる。この右脳と左脳のたび重なる往還によってビジョンが社員に根づいていくのである。

もう一つ、ビジョンを組織に植えつける重要な役割を担うのが大小さまざまな会議だ。何を議論するにしても、必ず三つの数値で考える。ある提案があって、満足度は上がるが、利益率は犠牲にするのではないかという危惧があれば、それを顧客満足度2・5、経常利益率二〇％の数値で評価してみるのである。このように、重層的に会議を設定し、その中で繰り返し、思考の訓練をしているといえよう。MBB的に一歩ずつ自分たちのありようを振り返るツールとして数値を使うことで、押しつけではない数値の使い方が見えてくる。

再生事業でも「思い」は同じ

星野リゾートは、まず自らの温泉旅館を活気づけ、実績をつくった。この実績を示して、他のリゾートの運営を引き受けるのが、星野氏の最初の構想だった。ところが、バブル崩壊で逆風が強くなっていく。引き受けるはずだったリゾートが次々と不振に陥ってきたのだ。

「運営を任せてもらうどころか、どんどん破綻していきました。それで今度は、そんなにリゾート運営が得意なら、自分で再生してみろという話になったのです」

再生するとなるとリゾートを買い取って所有する必要がある。所有するためには新たに資金を借り入れなければならない。それは星野リゾートのビジネスモデルではなかった。だが環境の激変で、自分たちのビジョンを達成するには、軽井沢の自社物件以外を手掛けて、自分たちが本当にリゾート運営の達人であるという真価を世間に認識させるしかなかった。

「軽井沢で好調でも、メディアは『老舗だから』とか『あれだけ土地があれば』、挙げ句の果てには『軽井沢にあって、しかも温泉まであれば』、成功するのもあたりまえという取り上げ方でした。うちは運営がうまいんだと、ノウハウがあるんだといくらお話ししても取り合ってもらえませんでした」。星野リゾートが真にリゾート運営の達人であることを示すためには、軽井沢でもなく、温泉でもないところで自分たちの力を実証することが必要だった。

そのようなやむにやまれぬ背景で進出した再生物件の第一号が「リゾナーレ小淵沢」である。

2001年に所有・運営を始めるが、業績はすぐに上向いた。三年目にはついに黒字化。それでもメディアは「星野リゾートは高原に強いから軽井沢モデルを持ち込んだ」という厳しい見方だった。星野は肩透かしを食う。そこでダメ押しで再生を手掛けたのが2003年の「アルツ磐梯リゾート」、2004年の「アルファリゾート・トマム」である。

「スキーリゾートのアルツ磐梯の再生話が持ちこまれたとき、これは私たちが軽井沢の老舗リゾート企業から日本のリゾート運営企業に脱皮する好機だと前向きに考えたのです」

星野氏の狙いどおり、三年目でアルツ磐梯が黒字化するころから、業界内で星野リゾートがリゾート運営の専門会社であり、リゾート再生も手掛ける会社だというイメージが定着していく。それが2005年のゴールドマンサックスとの提携につながった。ゴールドマンサックスが所有、星野リゾートが運営という形で、石川県山代温泉の「白銀屋」、伊豆伊東温泉の「いづみ荘」、青森県の「古牧温泉渋沢公園」と次々と日本の老舗温泉旅館の再生に手をつける。

ようやく、星野が1991年に打ち出したビジョン「リゾート運営の達人」に近いビジネスモデルに近づいてきた。星のやのように開発・所有・運営型もあれば、リゾナーレのように所有・再生・運営のスタイルもある。また、所有しないで運営する形もある。このように形態は異なれども、ビジョンも目標とする数値も同一である。利益率二〇%、顧客満足度2・5、エコロジカルポイント24・3で、星のやもリゾナーレも白銀屋も評価する。

「各リゾートを常に三つの数値で比較していくうちに、この数値が身近なものになり、意思決定するときの基準となります」

三つの数値は星野リゾートが運営するすべてのリゾートで、星野の思いを浸透させる重要なツールになっている。短期の必達目標を掲げていては決して得られない効果である。数値が目標ではなく手段なのだ。従来の経営での価値観とはまったく異なるＭＢＢ経営だといえよう。

「侃々諤々の文化」を植えつける

星野氏がビジョンとともに軽井沢から各リゾート、温泉旅館に持ち込んだものがある。「侃々諤々の文化」である。星野は侃々諤々の文化がビジョンの共有を促し、現場がベクトルを合わせ、モチベーションを上げていくのだという。これもまた、星野氏の思いを具現化する道具である。

「議論で大事なのは『だれ』が言っているのかではなく、『何』を言っているかです。それまで発言権のなかったパートやアルバイトの人たちにも言いたいことを言わせるとどんどん不満が出てきました。『お客様から食事をこうしてくれと言われたから、それを厨房に伝えたら怒られた』とか、『壁にカビが生えていると支配人に何度言っても対応しない』とか、どの旅館にも共通する悪い点がずらりとリストアップされます」

現場が気づいたことを上が取り上げなければ、不満がたまるばかりで顧客対応の向上にはつながらない。当然、顧客満足度は下がる。逆に、現場の意見に上がすぐに対応すれば、現場の士気が上がって顧客対応もよくなる。顧客対応がよくなり、顧客に喜ばれれば、さらにそれは現場のモチベーションを高める。これが顧客満足度のさらなる向上につながる。こういった好循環のプロセスを生み出すことが、リゾート運営の達人のビジョンを達成する道筋なのだ。

プラスのスパイラル効果を最大限に実現するために、星野リゾートでは支配人や管理職のいるその場で、パート・アルバイトも含めたスタッフに自由にものをいわせる。管理する側の言い分も当然ある。まさに侃々諤々の文化である。スタッフ全員で問題点が共有化され、改善すると決まれば、支配人なり管理職が改善を約束し実行するのみである。

侃々諤々の文化は現場の人たちにおおいに喜ばれた。ただし、支配人や管理職の中にはこれを面白くないと感じ、職場を去った人もいたという。「長く支配人や管理職をやっていた人の中には、下の人間だと思っていたスタッフがある日突然、自分の頭を超して社長にでもだれにでもオープンにものをいい始めるとすごい抵抗感を示す人がいます」。

いくら幹部層が反発しようが、星野氏は侃々諤々でいこうと各リゾートでオープンな会議を推進している。星野氏はじっと我慢して聞いている。

MBBでは思いをぶつけ合い、引き出し、その思いを議論しながら高質化していくプロセスが欠かせない。星野氏が唱える侃々諤々の文化は、ときに摩擦を生じさせながらも、社員の思いを磨き上げながらそれを高質化する役割を果たしている。

「立候補制」でさらにビジョンに近づく

星野リゾートには、ビジョンに基づいた経営をするためにまだまだほかにもユニークな仕掛けがある。たとえば2001年に導入したユニットディレクター立候補制である。同社は一〇人程度のユニットを組んで、ユニットごとに責任者を置くフラットな組織を採用しているが、もしユニットのメンバーがいまの責任者（＝ユニットディレクター）よりもうまくユニットを運営できると思えば、リーダーに立候補できるのである。

この人事制度を導入した背景には二つの理由があると星野氏はいう。

「一つは、上が適任だろうと抜擢しても、思ったほどの成果を上げてくれなかったり、下からは不満の出る人物だったりする場合があったことです。もう一つは、1995年以降業績が好調だったため、MBOで見ると目標を達成してしまっていた点です。しかし、現場の最前線で見れば、もっとこうすれば顧客満足度と利益率をともに上げられるというやり方があったわけです」

星野氏は現場が停滞すれば、それだけリゾート運営の達人というビジョンから遠ざかると考えた。これは侃々諤々の文化を組織に埋め込むのと同じ理由だ。

自分がいまのディレクターよりもうまくユニットを運営できると思えば、その案を出し、ユニットのみなが賛同すれば、みなの意見でディレクターが交替する。この立候補制があれば、MBOによる目標達成で満足するのではなく、ビジョン達成をさらに加速化できる。

「人事を『上が勝手に決めて』となると、それが不満になりますが、立候補制を設けておいて、不満があれば立候補していいよという権限を与えていますから、不満の解消になります。また上が決めるとディレクターの欠点ばかりあげつらいますが、立候補制ではその人の長所・欠点を知った上でディレクターにするかどうかを自分たちが決めるわけです。メンバーには自分たちでディレクターの欠点をカバーしていこうという気持ちが最初から生まれるのです」

立候補制の利点は大きいようだ。さらには、幹部が知らなかった隠れた逸材が飛び出してくる可能性もある。

企業の成長と個人の幸せのベクトル合わせ

星野氏はリゾート運営の達人というビジョンを内外に示し、達人になるための数値目標も明確に打ち出している。スタッフにビジョンが浸透するようにリゾート運営の達人カップなどの小道具も使うし、侃々諤々の文化やユニットディレクターの立候補制による組織の活性化も行う。それが功を奏し、顧客満足度と利益率の向上につながっている。経営者としてMBB経営でうまく成長軌道に乗せているといえよう。その星野氏個人の思いはどこに向かっているのだろうか。

「自分のキャリアが終わるまでには、三つの数値が同時達成できるんだという実感を得たい気持ちはあります。仮に三つの施設でいいから、同時達成できれば外資だろうとどこだろうと絶対に負けません」

これが星野氏の最終目標である。もちろん社員にも最終目標の追求を願う。だが、星野氏の思いとスタッフの思いとでは、思いの強さにおいてはどうしてもレベル差があるのは仕方がないところだろう。リゾート運営の達人への思いは星野から発しているのだから。それゆえ、経営のけじめとして、星野氏は「ビジョンを追い求め、三つの数値の同時達成に努力することが、会社の競争力を高め、それが生活の安定につながるのだ」と説明し、それを実感できる決算賞与の制度を取り入れている。利益率と顧客満足度を縦軸、横軸にとって、一定の利益率と顧客満足度を獲得したら決算賞与が出るしくみである。この制度にのっとって、星野温泉ホテル（現・星のや軽井沢）では1998年から、リゾナーレは2005年から決算賞与が出るようになった。

このようにして、最後は各自の報酬へビジョンを結びつけて、ベクトル合わせを正当に評価する。さらに、将来にわたって、自分たちの夢をかなえていこうという努力を継続させるように考えられたのが、星野流の「仮想敵」だ。

「温泉に浸かれて、本物の和食が味わえ、畳の上でくつろげる日本の温泉旅館は世界一のホスピタリティを発揮する力を秘めています。フランスのまねごとをしているアメリカのホテリエよりもよほどポテンシャルは高い。そういう誇りが社員の心の底にはあるんです。だから私が、『うちもリッツ・カールトンになろう』なんていっても社員は燃えません。しみじみしません。だから、むしろ、『ペニンシュラを日本から追い出すんだ』といったほうが、意気が上がるのです」

日本人が外資に対して持つコンプレックスや、その裏返しとしての日本文化への誇りを刺激して鼓舞する作戦だ。「外資の高級ホテルを追い出せ」は、裏を返せば、リゾート運営の達人となんら変わらないコンセプトだが、社員が燃えるいい方、しみじみと心に届くレトリックが重要であり、そのような心の機微、感情の知を読み取る能力がトップには求められる。星野氏はリゾート運営の達人であると同時にＭＢＢ経営の達人といっても差支えなかろう。

実践知――5

「真の価値創造につながるM&Aを目指す」

――M&Aの草分けの原体験

吉田允昭　レコフグループ代表

いまやM&Aは重要な企業戦略の一つになっている。一から事業をつくり上げたり、新しいエリアを開拓するよりは、すでにその事業を持っている企業や、進出したいと思っているエリアで営業している企業を買収すれば、瞬時に新たな経営資源を獲得することができ、自社の知との相乗効果で成長戦略を実現したり、経営のスピードを上げることが可能になる。

しかし一方では、M&Aにより、不振企業を安く買収して再生し、企業価値を上げて売却することで利益創出のツールとするビジネス（いわゆる、「ハゲタカ」ファンド）も登場。圧倒的な資金力と容赦ないリストラで企業価値を高めさえすればいいというイメージが先行し、M&Aに対する世間や経営者、従業員の評価はまだまだ一様ではない。

M&Aは圧倒的な資金力を背景にした買収ゲームではすまされない。買う企業にも、売る企業にも、それによって多大な影響を受ける多くの社員がいる。また企業固有の知識創造のプロセスをないがしろにした単なる規模の拡大はありえない。本来、企業を育て知が生み出されるしくみを長い年月をかけて培ってきたトップにとって、買収されることは呻吟を伴う決断のはずだ。M&Aの先駆者はそうした苦労を目の当たりに見ながら、M&Aビジネスを育ててきた。経営者の苦悩を深く理解している。そして自らが切り拓いてきたM&Aにまつわる貴重な体験を周りに聞かせ、修羅場経験や目を見開かせる体験を味わわせ、真の価値創造につながるM&Aの実現を目指し続けてきた。

M&Aの専門会社であるレコフの創業者、吉田允昭氏は、現在は第一線をしりぞき違った立場で見ているが、彼のM&A観、経営観をたどりながらMBBの実践知を見てもらおう。

M&Aのパイオニア

レコフは社員一〇〇人を擁するわが国最大規模のM&A専門会社である。山一証券から独立した吉田允昭氏が1987年に設立した。山一証券時代から数え、三五年間にわたって日本のM&Aをリードしてきた吉田氏には彼自身の独自のM&A観がある。吉田氏は「国や産業界に益のないM&Aはやらない」というのだ。

吉田氏とM&Aとの出会いは強烈だった。

「1973年に『これから香港に会社を売りに行く』という米国の銀行家に会いました。当時、私は三五歳、山一証券の営業マンでした。売買できるのは有価証券で、まさか会社を売買できるとは夢にも思いませんでした」

吉田氏は企業売買というまったく未知の世界を知り、驚くとともに、「大きな商売になる」と直感する。

「会社が証券と同じように売り買いできる。それはまぎれもなく資本主義を動かす一つのダイナミズムとなり得ると瞬間的に思いました」

間髪入れず吉田氏は上司に「新しい課をつくってほしい」と頼む。営業でトップセールスを張っていたこともあり、上司からは「やりたければ、やってみたらいい」と許可される。吉田氏は四人の部下を得て本店営業部の中にM＆Aの専門部隊を新設する。だが、まだM＆Aという言葉さえない時代だ。どこが売り先になるのか、さっぱりわからない。売り物（会社）はアメリカからゴロゴロ出てきたが、目ぼしいものが見当たらなかった。

「歌手のディーン・マーチンの屋敷だとか、ニコチンを除去するパイプの会社とか、ロクなものはありませんでした」

吉田氏は新聞という新聞を取り寄せて、日本国内の可能性を探る。

「そうしたら面白いことに気づきました。本業に関係のない会社を保有しているところがたくさん出てきたのです」

国内市場での可能性を感じ取った吉田氏に、絶好のチャンスがめぐってくる。大規模小売店舗法（大店法）の施行だ。大型小売店に押され商店街が弱体化するのを防ぐため、五〇〇平方メートル以上の店舗をつくる際には、地元の商店街や学識経験者と協議し、理解が得られなければ出店がかなわないことになる。そこに企業売買の可能性が生じた。力のある小売業者が勢力を広げるためには、大店法で先行きに心配が生じた小売店が持つ「既得権」を手に入れる必要が出てきたのである。

「大店法がなければ国内のM&A市場が整ってくるのは二〇年遅れたと思う」と吉田氏はいう。

毎日部下と飲みに行き、仕事の意義を説き続ける

大店法で流通業の再編が起こり、M&Aの国内市場が活気を見せ始めるころ、米国からも検討に値する売却候補企業が現われてきた。

「日本がオイルショックを乗り越えると為替相場はものすごい円高になりました。円が強くなり購買力が大きくなると、とたんに情報の質が格段に高まったのです」

日本の購買力の強さはその後、ソニーのコロンビア・ピクチャーズ買収、松下電器（現パナソニック）のユニバーサル・スタジオ買収へとつながっていく。M&A市場が熱を帯び、吉田氏たちが手がける案件も大型化していく。だが、証券会社の一つの課の中で活動するのは困難を伴う。もっとも難しかったのが秘密保持だ。自分たちがいかに大きな買収に関与しても、それを口外することは許されない。たとえ社長から聞かれても口を閉ざすのがM&Aを進めるときの鉄則である。

「私たちがM&Aの業務を始めたころは、トップだろうとだれだろうと、どういう仕事かわか

らないわけです。理解者が一人もいません。理解者のいない組織で新しいことをやっていると必ずいじめられる。私のいないときに上層部が来て、『お前たちは何をやっているのか』と部下にちくちくという」

秘密は守らなければならないから、「何を」やっているとはいえない上に、組織の幹部からはやっていることにまったく理解を得られない。それでは部下たちのやる気はなえてしまう。

「だから私は毎日、部下を連れ出して飲みました。飲みながら、M&Aがいかに大事なことか、それが証券会社にとって必ず収益の柱になることを説き続けたのです」

吉田氏と部下が毎日飲む時間は、自身の考え、価値観が部下に浸透する時間である。M&Aが大勢にとって未知の世界であり、理解され難い状況の中、吉田氏は価値観を共有し、逆境を乗り越えようとしたのである。

MBB経営では本音と本音のぶつかり合いを大切にする。ときに企業内でそれができない場合は飲み屋が代わりの場にもなるわけだ。もはや〝飲ミニケーション〟という言葉さえ死語になってしまった今日でも、ときに社外で飲みながら思いをぶつけ合うことはやはり重要だ。

夜も眠れない社長の気持ちを忖度する

吉田氏のM&A観には独自のものがある。吉田氏がM&Aの業務を始めたとき、日本はおろか、米国においてもM&Aは未知の世界だった。吉田氏は「当時、私と同じようにM&Aが報酬を得られるビジネスになると考えていたのは米国のモルガン・スタンレーとファースト・ボストンくらいでした」と振り返る。

Ｍ＆Ａとは何か、報酬体系はどうするか、その一つひとつについて頭をひねり、考え出していった。初期の段階で、吉田氏のＭ＆Ａ観を築いた二つの強烈な原体験がある。一つが、あるオーナー企業と上場企業との合併案件だった。

「そのオーナーには、合併すれば上場企業となり、資産の流動化も達成されるのだから絶対にいいとずっと口説いていました」

だが、合併といっても実態は吸収であった。先祖代々続いてきた社名も消えてしまう。吉田氏の口説きは続いた。そうしたやり取りが続いていたある日の早朝4時、女性からの電話が鳴った。

「主人が仏間に入ったきり出てこないのですが、会社に何か異変が起きているのでしょうか」

社長を心配する妻からの電話だった。

「私はその瞬間、アッ、合併を決めたな、と思いました。そして、ああ、企業というのは商品とは違うなと思ったのです。仏間に入って先祖に何かを話しかけていたに違いありません。企業にはそこに息づく人がいて、強い思いがある、それを痛切に感じました。経営者の苦しみを分かち合うことがＭ＆Ａの本質なのだと、そのときわかったのです」

吉田氏のＭ＆Ａへの思いを雄弁に語るエピソードである。むろん、社員にも語られる重要な物語だ。

吉田氏はM＆Aを提案した部下に対して「その瞬間からみそぎをせよ」と命じる。インサイダー問題も含め、一切に関して身を清め、社長の相手をすることを指示する。

「社長は夜も寝ないで考え続けることもある。一人で判断を迫られる孤独感が募る中、夜中にパッと電話したいときもある。そのときに電話がつながらない、もしくは電話はつながったが飲み屋の喧騒が聞こえ、ろれつが回らないというのでは、こんな不遜なことはありません」

夜も眠れない社長からの電話に即答し、相談に乗り、決断の一助となる。それが吉田氏が描くM＆Aを手掛ける人間のあるべき姿なのだ。

社員の行く末も考えるM＆A

もう一つ、吉田氏を開眼させたM＆Aの原体験はある大手企業同士の合併だった。

高層ビルの上階の役員室で話をまとめ、吉田氏は安堵の気持ちを抱きながらエレベータに乗った。ちょうど昼時で、各階から社員が乗り込んでくる。エレベータで一緒になった社員の顔を見ながら、ハッと気づくことがあった。

「この会社にはこういう社員たちがいたのだ。合併すると余剰のポストが出てくる。経理部長も一人でよくなる。するとこの人たちの人生はどう変わってしまうのだろうか。企業は一経営者だけでもっているものではない。企業を構成している人たちの将来も考えなければならない。彼らの生き生きとした顔を見てそう気づかされたのです」

M&Aによって人生を左右される社員が出る。そのことを吉田氏は重く受け止めた。

これら二つの原体験が吉田氏の独自のM&A観をつくりあげていくことになった。それゆえ吉田氏は、国、産業界、そして双方の企業の利益にならないM&Aは、いかに自分たちが儲かろうが手を出さない。

吉田氏が部下に口を酸っぱくして話すことがある。「どちらかのトップに一回会ったら、相手方のトップにも必ず会う」、「企業の大小に関係なく、話を進めるのはトップ同士」ということだ。

「どんな小さな企業でもトップが出てきたら、大企業もトップが出ないと話になりません。それを、相手は中小企業だから部長クラスでいいというようでは、M&Aはうまく進展していけません」

吉田氏は自分の哲学に反する案件からは手を引く潔さを持つ。

「双方の企業、産業界、国に利益がなくてはなりません。その考えを共有して、社員は案件を上げてくるはずなのですが、やはりそうではない案件もときに出てきます。そのときは、私のところで突き返すこともままあります」

この哲学は山一証券時代も、レコフを設立してからも変わりはないが、「レコフのような規模の会社では一つのミスが命取りになる」ので、現在はより慎重になっている。

「上場企業でもおかしいと思う案件は受けつけない。利益の源泉がわからない企業の依頼は断ります」

自分の価値観をいかに組織に浸透させるか

吉田氏は自分の直感でM＆Aがビジネスになると考え、白紙の上に地図を描いてきた。山一証券時代もオーナーシップを持って、M＆Aの市場を切り開いてきたわけだ。山一証券のときは部下を毎晩飲みに連れて行って、自分の考え、価値観を説き続けた。レコフを設立してからは「さすがに忙しくて」、部下を連れ歩くことはなくなった。とすると、どうやって自分の考え、価値観を組織に伝えているのか。吉田氏の「M＆Aは人の思いこそ重要」という熱い気持ちが組織に伝わらなくなったとき、レコフは変質してしまうのではないか。

それに対して吉田氏はどのような手段を講じているのだろうか。

「創業以来、毎日7時半から全執行役員でミーティングを開き、その場ですべての案件の進行状況を把握するとともに、自分の考えを伝えています。実際には会っていない経営者であっても、日報からわかる経営者像をもとに、自分は『こう思う』と考えを伝えます。それで反論があるなら、言ってくれと」

吉田氏は早朝ミーティングでMBB流の思いのぶつけ合いをしているのだ。ミーティングの前、吉田氏は毎朝6時45分からすべての日報を読み、そのすべてにコメントをつける。そして7時半からのミーティングで的確なアドバイスを飛ばす。これが唯一、吉田氏による社員への教育らしい教育である。だが、「本当のことをいえば、M＆Aを扱う人材は教育では育たない」とも吉田氏はいう。

「財務や法務などのテクニカルなことは勉強できるが、人の心を忖度することは難しい。これは個々人の性格と感性です。社長が仏間に入ったと聞いて、『ふ〜ん』と聞き流すようでは、感性はないといっていい。そこでハッと気がつかなければ。私が部下を四六時中引き連れていれば多少教育になるかもしれないが、それは物理的に不可能です。トップに会いに行くときに自分の部下を連れて行く人がいるが、それではトップは決して本音を話してはくれません。トップとは一対一、差しで話さないとぜったいにダメなのです」

Ｍ＆Ａの成否を決定づけるのは戦略でもシナジー効果でもない。最後のところでは人の心である。そして、人と人との生身の交わりが深い感情の知をもたらし共感を生む。それゆえ吉田氏は「最近の若手は飲みに行くのを好まないが、共に飲み、共に食べるというのは裸の付き合いをすること。相手も心を許す」という。昨今、共に飲み、共に食べる文化が日本の企業風土からどんどん失せ始めている。「そういう土壌からは真のＭ＆Ａは生まれない」と吉田氏は懸念する。

「Ｍ＆Ａそれ自体が、共に飲んで共に食べる文化を内包しています。相手が私のところに5時に会いに来る。そうしたら、相手が飲みたいのだなとわかる。酒を飲みながらＭ＆Ａの話をすることは一切ないが、飲んで食べて打ち解けていくことは間違いありません」

そうやって信頼感を築いているから、「いつでも電話一本でトップと話せる」。そういう人間でなければトップが呻吟するような難しいＭ＆Ａを取り仕切ることはできない。同じ釜の飯を食うというが、共に飲んでともに食べるところから人間関係はつくられていく。このような属人的なプロセスでこそ、感情の知を共有できM&Aを仕切れる人材になっていく。それゆえ吉田氏は自らの考えをまとめた書籍を社員へ配付しているが、そのタイトルも『M&Aは心』であり、吉田氏の思いが深く込められている。

コンダクターとしての喜び

吉田氏がM&Aの世界に入ってから三五年が過ぎ、レコフが設立されてからも二〇年を経た。「黒子役に徹してきた」吉田氏だが、ビジネス界で顔は広い。だが、「ベテランだと思ったとたん、足をすくわれる」と吉田氏は警戒する。

「私たちは〝触媒〟です。金属と金属が融合するときに触媒が働くが、新しい金属ができたときには触媒は跡形もなく、消えてしまう。そういう存在です」

なるほど、M&Aの主役は当事者で自らは姿を隠す。しかし、人は自分の仕事を誇示したいものだろう。

「個人の名前を世の中に売っていきたいという人間は、うちのスタッフにはなり得ません。自分の旗を立てたい人間はうちには向きません」

では、レコフで働く喜びとは何か。

「案件をまとめて五〜一〇年たったときに、『あのときの会社がここまで大きくなったか』と一人ほくそ笑む仕事なんです。表には出ないが、資本主義の一角をハンドリングする手ごたえは大きいのです。ちょうどオーケストラの前でタクトを振る指揮者のように。M&Aを進める両社には弁護士や公認会計士などもついていますが、タクトは私たちの手の中にある。そのことが収入や地位に勝る生きがいになるのです」

吉田氏は若い社員に向かって話す。

「自分は飽きっぽい人間だが、三五年もこの仕事をしていて飽きたことがない。M&Aには一つとして同じものはない。経営者も一人として同じ人間はいない。だから楽しいのだ」

トップと苦しみを分かち合い、触媒のような存在でいられること。吉田氏が発するメッセージは明確だ。それに賛同する社員が組織の中で重層的に思いを伝え合い、高質な大義名分のあるM&Aを推進していくことができてきたのである。現在では吉田氏は第一線を退き、レコフは新たな経営陣のもとで、新たなスタイルも導入してさらなる発展を目指している。しかし、吉田氏の培ったMBBの風土やマネジメントは、形を変えながらではあるが、レコフの文化の基盤として継承され、同業他社とは異なったレコフの存在感につながっている。

実践知――❻

「日本発のグローバル化を成し遂げたい」

――ワンアジアの構想で本社を驚かす

三島大二
日本エマソン　元専務取締役・ブランソン事業本部長

グローバル化というと私たちは日本が米国や欧州の基準に従うことであると思ってしまいがちだ。しかし日本の基準がよければ、それがグローバル化されても何の不思議もない。それは現実にはなかなか機能せず、日本は欧米の先進事例をただ後追いしたり、外資系であれば本国の本社のいうなりになり存在感を示すことが難しい場合が多い。

ここで紹介する実践知は外資系企業において、日本のやり方を他の国にも広げていったケースである。推進の中心にいたのは、とことん仕事をやり抜く一人のビジネスリーダーである。どういう状況の中で日本発のグローバル化は成し遂げられたのか。そのプロセスをひも解きながら、そこに潜むビジネスへの思いを表出化してみよう。

ブランソン日本法人躍進の立役者

エマソンは世界でもっとも成功している企業グループの一つである。世界中にネットワークを張る六〇以上の事業部（事業本部）から積み上がる利益で、四三年間増益を続けている。事業部といっても、元は独立した企業をＭ＆Ａで合体させたものであり、一つひとつの事業部は別個の企業のような規模を持ち異なる製品を異なる市場に向けて製造・販売している。しかも、ハイテクというよりも、モーターや電気系統の制御機器、工具や製造装置など、目立たない資本財の工業製品群だ。こうしたいわば地味な企業が、米セントルイスの本社を中心に世界中にネットワークを張りめぐらせて、安定的な成長を遂げている。

そうした成長を支えている一つの理由は、エマソンの「プランニング・プロセス」という経営計画の立案、実行のしくみにある。そこでは、全事業部の経営計画に、エマソンのトップ五人が、オフィス・オブ・チーフエクゼクティブというチームとして、思いを伝え、アドバイスをし、ストレッチしたビジョンを描かせている。事業の中身をディテールまで理解し、かみくだいていく。首脳陣が傘下の企業の経営の現場に深くかかわっているわけだ。言葉を換えれば、どんなに大きくなろうとも手を抜かない経営であり、エマソンの幹部が世界市場と濃密な関係性を持ち、エマソン流の経営理念・手法を展開しているのである。

そのエマソン傘下の一事業本部に、ブランソン事業本部がある。ブランソン事業本部は、自動車などの製造現場で部品を溶着するための超音波溶着機をつくっている。米コネチカット州に本部はあり、世界の各国に四六ある現地法人をネットワークする世界的組織だ。エマソンの傘下に入ってからは四〇年以上になり、その日本法人が日本エマソン・ブランソン事業本部である。

２００７年の秋、その日本法人を成長させた立役者が勇退した。三島大二氏である。外資系企業の一ブランチでありながら、日本的なマネジメントを用いてブランソン本社やエマソン本社を驚かせるような実績を上げたビジネスリーダーだ。

三島氏は富士銀行、富士ゼロックスを経て、まだできたばかりのブランソンクリーニング日本法人に入社した。そのとき社員はわずか数名。三島氏は日本法人のトップからはじめ、その後、日本・韓国両事業のトップ、そして最後は「ワンアジア」の思いを抱いてアジア・パシフィックのトップを務め、アジアの五〇〇人の社員を指導した。同時に、米国本社のバイス・プレジデントにも任命された。その間に日本法人は正社員だけで一五〇人に増えた。もちろん簡単なことではない。冒頭述べたようにエマソンは成功体験を積み上げてきた組織だ。早急に変革の果実が見えなければ、経営者失格である。だが三島氏は粘り強く、かつスピーディに組織を衣替えさせ、結果を出した。ブランソンのアジア地区の売り上げはかつて、アメリカ地区、ヨーロッパ地区に比べるときわめて小さかった。それを、三島氏はアジア全体に日本法人での成功を水平展開することで、世界の三分の一をアジアで売り上げるまでに育て上げたのである。

もともとブランソンは米国を発祥とし、世界中に広がっていった経緯もあり、国別のマネジメントが主軸だった。地域ごとの組織として、たとえばノースアメリカ地区という括りはあるのだが、米国とカナダではそれぞれ独自の経営スタイルを持つ。ヨーロッパでもEU統合とともにドイツを中心にブランソン・ヨーロッパという統一組織が比較的早い時期からできてはいたが、中身を見ればフランス、イタリア、スウェーデンなどの大国は国別にマネジメントされており、報告だけをドイツのマネジャーが集約して本国に届けているといった状況であった。

それだけに三島氏が日本だけでなく、韓国、後にはアジア全体を直接マネジメントしていくというのは実は特殊なことだったし、容易ではなかった。しかし三島氏は執拗に「ワンアジア」の信念を貫いていった。そこにはどんな思いがあったのだろうか。

「ご承知のように1980年代後半から日本企業が韓国、中国、タイ、マレーシアなどに工場をどんどん移転していきました。これを機に各メーカーでは国境を意識しないボーダレスな体制が加速化していきます。顧客がボーダレス化しているのに、ブランソンは相変わらず国別組織というのはまったくおかしいし、このままでは凋落してしまうのではないかという強い危機感を抱いたのです」

変化に向き合い、その先を考える。世界の産業界がボーダレス化している中で、三島氏は個人の毀誉褒貶《きよほうへん》を通り越して、組織全体の行く末を見ている。そこに大きな志やビジョンが芽生える。MBB経営の出発点である、個人の思いの発生であり、ビジョンへ向けての蠢動《しゅんどう》だった。

マトリックス組織で日本法人の存在感を示す

三島氏が日本エマソン・ブランソン事業本部を飛躍させるテコに使ったのが「マトリックス組

織」である。米国本社の組織と比較しながら、その特徴を説明しよう。

米国の組織は、販売部門と溶着実験をするラボ部門とがはっきりと分かれている。販売組織にも社員の部隊と「レップ」と呼ばれる代理店群とがある。販売部門では、社員として五〜一〇年ほど経験を積むと、出来高でより高い収入が期待できるレップに転籍しようとする傾向がある。

そうした米国人のメンタリティに対応して、アメリカでは販売を支援する組織として「アプリケーションセンター」という巨大な組織が別に設けられていた。そこのエンジニアたちが、営業マンから集められた顧客の状況やニーズの情報に基づき、材質に応じた最適な溶着を行うための実験を重ね、売り込むべき設備を決定するわけだ。このような分業に基づく組織形態になっていること、および営業組織では人の入れ替わりが激しいこともあり、販売部門では溶着に関する深い知識を持たず、御用聞き的な営業を展開しているのが実情だった。

それに対して日本法人では、営業の第一線が顧客と密着して食い込めるように、現場の知を高め、最大限に活用できる、米国本社とは違う組織を考案した。各営業所にいる営業マンが自ら溶着を実験し、顧客の知を直接活かした提案ができる「ラボセンター」を備えたのだ。三島氏はさらに営業の知を活用する手法を練り、独自のマトリックス組織化を推進していった。

三島氏のマトリックス組織では、従来の地域別の営業組織「テリトリアル・セールス・オーガニゼーション」に、市場別（製品群別）の営業組織「プロジェクト・セールス・オーガニゼーション」をクロスさせた。仙台、東東京、西東京、名古屋、大阪、福岡などの縦割り組織と、メディア（FD、CDなど）、バッテリー、電子部品などの商品軸の横割り組織をクロスさせると、営業マン全員がそのどこかにマッピングされる。そして、プロジェクト・セールス・オーガニゼーションの構成員は定期的に集まり、各地域（顧客である各メーカー）の情報を持ち寄り、今後のマーケットの動きを探ったり、戦略目標を設定する。

こうして、従来とは違って、地域別の営業組織の一つで得た情報や、うまくいった事例を横展開できるようになり、営業の知が格段に高まっていった。

マトリックス組織は思いがけない付随的メリットももたらした。それは社員のモチベーションの向上である。

「会社がどんどん大きくならないかぎり、ポストは増えません。しかしマトリックス組織の中では、専門知識があればどこかのプロジェクトのチームリーダーになることができます。その結果、組織を大きくしなくても、社員のモチベーションが上がる効果があったのです」

組織が大きくならなくても組織のつくり方によっては社員のモチベーションが上がったというのは興味深い。こうして情報、戦略の共有化とモチベーションの向上により、ブランソン日本法人の業績は目覚ましく伸びていくことになる。

韓国法人に日本型のオペレーション

三島氏がマトリックス組織で日本法人の業績を著しく伸ばしているころ、アジア地区の国別組織に変化が生じる。当初は日本、中国、台湾、香港は独立組織、タイ、インドネシア、シンガポール、マレーシア、フィリピンは各国の組織が小規模なのでサウスイーストアジアという一つの組織、そして韓国はまだ代理店だった。

1990年代半ば、三島氏は米国本部に対し、韓国の代理店を買収し韓国ブランソンをつくる提案をする。日本企業の工場がアジア全体に進出していく中で、日本法人もアジアの進出先で日本企業をフォローできる体制と力を持つ必要性を痛感していた。三島氏は日本で成功したマトリックス組織をアジアで展開し、日本的な営業やサービスが可能な体制をアジア全体で構築していく必要があると考えた。足がかりが韓国ブランソンだった。

三島氏は日本のオペレーションを持ち込んだ。

「日本ではあたりまえのことばかりを、そのままやったまでです。どんな製品をどういうアプリケーションでやっていて、価格はどうかというわれわれの情報をすべて韓国法人に渡しました。そして韓国で事業を展開する日系企業のセールスにも一緒に足を運びました。機械が壊れればすぐに駆けつけるという具合に、日本流のきわめて緻密なオペレーションを実行したのです」

日本では当然のオペレーションでも、日本以外ではスタンダードではない。最初だけトレーニングして、後はサポートはないから自分たちでやれというのがこれまでのブランソンの流儀だった。それでは顧客との関係は長続きしない。三島氏はそうした歴史に風穴を開けたのだ。

このような変革を実践した結果、韓国ブランソンはここ一〇年で平均二〇%という驚異的な成長を見せている。三島氏は、日本型オペレーションがアジアで通用する確信を得た。

「ワンアジア」はまず人づくりから

日本法人、韓国法人の成功を受けて、１９９８年、三島氏は本国から「ＧＭアジア・パシフィック・ジャパン＆コリア（後にＧＭアジア）」担当に任命され、中国を統括する上海ブランソンを除く、アジア地区全体に責任を持つことになる。当時、アジア地区のブランソンは不振に陥っていた。「もっとも大きな要因は人材でした。トップから中堅までの社員がどんどん辞めてしまい、組織の基盤も確立されていませんでした。韓国ブランソンが急成長できたのも、五～六人の柱となるマネジャーが育ったからでした」。

アジアの立て直し戦略を進める上で、人材の強化は不可欠だった。三島氏は人の「素材」を重視する。「日本人でもアメリカ人でもアジア人でも、どうしても後づけの教育だけでは人は十分育ちません。これは、という人を選んで徹底的に自分の思想を植えつけていくのです」。

三島氏のいう素材とは何か。

「サービス精神のある人です。顧客への気配りができる人です。こちらの気づかないところを気づいてくれるとか、何か尋ねたときプラスαの答えが返ってくる人です」

三島氏は眼鏡にかなう人材を酒に誘い、裸になって自分の本音をぶつけた。自分がオープンになれば相手もオープンになる。ＭＢＢ流の、思いのぶつけ合い、思いの引き出し合いを実践したのだった。だが、一定の地位についている人間にとって、それは想像以上にパワーを必要とする行動だと三島氏は明かす。「ポジションが高くなればポジションパワーが強くなり、こちらが何か話せば、みなわかったような顔をしています。それで話は終わってしまう。それに抗して私のほうから裸になるのは非常にエネルギーのいることなのです」。

三島氏はポジションパワーに負けないように気をつけて、部下に本音をぶつけ続けた。そして部下に思いを持たせていった。そうしてアジアで一〇人強のキー・マネジャーを育てた。その中には、「これは」と目をつけた人材を三～四年も追いかけ続け、タイミングを見てときどき話をしながら機が熟したら入社させるというケースもあったという。

三島流の人材登用・育成には時間が必要だ。だが、しっかりした組織をつくるためには必要な時間でもある。簡単にできたことは簡単に崩れるが、時間をかけてできたものにはしっかりと根が生えている。これがワンアジア構想の基盤になっていく。

徹底的に日本からサポートする

三島氏は人づくりと並行してワンアジアの柱として日本型の高品質サービスをアジア各国に移植することに腐心した。欧米人がいうように、欧米に比べれば「チームで何かやることが得意」という基盤はアジアにすでにあるが、日本ブランソンが標準とするような質の高いサービスをこなす努力を納得させるのは、同じアジアといえども壁は厚かった。

たとえば機械の表面に傷がついていれば交換するのが日本の常識だが、他のアジアの国々では機能が落ちるわけではないのになぜ高い費用をかけて交換するのかがまったく理解されない。また、休日の関係で最初の納期が遅れそうになったとき、日本人は手を尽くして納期に間に合わせようとするが、アジアでは「休日があるのだから遅れても仕方がない」と、納期を守る強い意識は端から持っていなかった。

日本とアジアでは、サービスや品質にこのような温度差があり、それを埋めていくのは容易ではなかった。三島氏はアジアの品質やサービスレベルを上げるために、日本から社員をサポートに派遣し続けた。当時、一三〇〜一四〇人規模の日本ブランソンから年間延べ六〇人のサービスエンジニアや技術者がアジアに出張し、サポートに入った。これは、原則的に国別管理をとっているブランソンにとってはまったく異例の戦術だった。

「もちろん日本社員には日本での仕事がある。しかも現地には、日本の技術・サービスの品質や精神を受け入れるだけの土壌がまだ育っていない。日本人がわざわざ出張して指導しているのに、自分たちは終業時間が来るとさっさと上がってしまう。日本の社員が客先でシステムの設置を懸命にしていても、アジアの社員はそれを突っ立って見ているだけで、学ぼうという強い姿勢はなく、設置が終わればとっとと帰ってしまう。顧客への対応も横柄なところがあって、派遣された日本人が怒る場面もあった。日本人のサポートに依存しきってしまう現地スタッフも多かった」

出張に出かけた日本人社員からは「堪忍袋の緒が切れそうだ」という声が再三届くが、三島氏は「仏の心を持って続けてくれ」と説いた。その言葉の底流には、「世界のビジネスがグローバル化しているのだから日本のブランソン、アジアのブランソンも変わるべきだ」という強い思いがあった。加えて、日本人スタッフには「挑戦する気持ちで仕事をやってもらいたい」との思いもあった。三島氏は日本人スタッフに一皮むけてもらいたかった。

「外資なのに、外国語アレルギーもあってか、『自分は日本の会社に雇われたのだから、アジアにサポートに出るのは嫌だ』という抵抗感を持つ社員が最初は意外と多かったのです。しかし日本から二〜三時間も飛べば二桁成長の市場がある。せっかく外資に勤めたのだから、国際的に仕事をやろうよというメッセージを出しました。飛行機が嫌いという社員には、じゃあ君は船で行きなさいと言ったりしながら（笑）」

三島氏は日本スタッフを鼓舞しながら、日本のチームプレーのよさをアジアに輸出していく。三島氏は粘り強くメッセージを発し続け、自分の思いを徐々に組織の思いへと格上げすることに成功していった。

アジアが欧州を凌駕する

2000年前半、ワンアジア戦略は現地のマネジャー育成と日本からの徹底したサポートを基軸として整備されていく。2001年には三島氏はGMアジア（アジア事業のヘッド）として上海ブランソンも含めたアジア全体を統括することになる。神奈川県厚木市にアジアの物流基地をつくり、今まで国別に調達していた製品や部品の供給を集中化した。回転率が上がり、物流コストは下がった。国を超えて情報が共有化されるようになり、アジア市場の動きが手に取るようにわかるようになった。

そしてついに2001年から三年後、アジア地区のブランソンの売り上げが欧州の売り上げを凌駕した。ブランソンだけでなくエマソン全体でも、アジア地区の売り上げが欧州に肩を並べることは異常事態だ。それによって「ビジネスリーダー・アワード」を受賞。これはコストを五〜一〇％下げたくらいの実績ではもらえない。発想自体を変えて一気にコストを半分にするくらいの実績を示す必要があるほどの栄誉ある受賞である。

アジア地区の売り上げが急伸する間も、三島氏は日本とアジアの社員に「日本と同じ製品品質、サービス品質でないとアジアの日本企業は逃げてしまう」、「日本法人はアジアの売り上げを上げるために無償でサポートしているのだ」とメッセージを送り続けた。

三島氏がGMアジアになったときには、日本の存在感が急に大きくなったため、アジアの他の国々からは警戒感を抱かれていたのも事実だ。それに対して、三島氏は日本が売り上げを取るわけではないという姿勢をはっきりさせた。また、日本人にアジアの他国のビジネスを管理させるときも、サポートマネジャーのポジションに置き、表向きには出しゃばらない形で周到に進めていった。アジアの各国の共感、ワンアジアへの思いの共有が大事だからだ。相手の家の中に土足で踏み込むようでは、信頼関係は築けず、MBB経営は成立しない。

ワンアジアの流れがいよいよ本流となった決定的な出来事は「2003年度からプレジデント・オペレーション・レポート（月次の業績報告）を一つにしたことだった」と三島氏は振り返る。

「ワンアジアとして一つの目標、一つの報告資料で行くと決めました。それを見るとアジアのすべてのオペレーションが丸裸になる。ワンアジア戦略が後ずさりを許されなくなった瞬間です」

三島氏の姿からは常に変革にまい進した強気のリーダーの風格が漂う。しかし三島氏はこんな本音も漏らす。

「GMアジアに就任したときは、その荷の重さに、参ったなと思いました。そう思いながらもやっているうちにどんどん面白くなった」

リーダーも試行錯誤しながら成長する。三島氏にビジネスリーダーの資質を見るなら、真正面から市場の変動を受け止めたことではないだろうか。だからビジョンも明確になる。エリアという組織、日本という組織、そういう組織の壁を越えてビジネスエリアを広げていきたい。そしてそのためには社員に自分自身の壁も越えて一皮むけてもらいたい。そのような物理的にも心理的にも壁のないブランソンの世界をアジア全域で構築し、アジアの知をフルに活用しあえる体制を構築していきたい。それは顧客のためでもあり、ブランソンが生き残っていくための方法でもあった。三島氏はこのような大きなビジョン、思いに駆られて、臆することなく実に素直にビジネスリーダーとしての役割を果たしたといえそうだ。

定年退職した三島氏は、日本企業のグローバル進出が大きな流れになる中、自分のやってきた米国企業を通じた日本発のグローバル化の活動がいまもきわめて有効な手法であると確信している。

人間らしさに立ち戻る経営の希求

信念を持ち、組織にビジョンを発し続ける三人のトップの姿を見た。物事を力強く推進していくのは決して数値による管理ではない。情熱（passion）や思い（belief）の重要性が強く心に残る。

「われわれは何のために仕事をしているのだろうか」

それを再認識したいという空気が企業社会の中に充満している。このような状況は何も日本だけではないようだ。アメリカでも欧州でも、思いのない仕事をしている人が増えている。また数値目標管理やその目標値のターゲットがどんどん上がっており、それについていけない人も多くなっているともいう。

2010年代の経済・経営環境を描いた『メガトレンド2010』（パトリシア・アバディーン著、ゴマブックス）でも、単なる数値や結果ではなく、取り組むべき姿勢や精神性が今後のグローバルなメガトレンドになると主張している。ダニエル・ピンクも『ハイコンセプト』（三笠書房）で、やはり経営は左脳中心から、右脳の大切さを活用すべき時代になってきていることを主張する。日本だけでなく欧米先進国においても、人間らしさに立ち戻る経営が叫ばれている。

「まえがき」でも紹介したように、「マネジメントのより高い目的を確保せよ。高貴で社会的意義ある目標達成に向かう」ことや「恐怖を減らし信頼を増幅せよ」ということがアメリカでも求められている。

人間らしさを取り戻す経営＝ＭＢＢ経営をいかに組織の中で機能させていくかが重要である。ＭＢＯとＭＢＢが合体して思いをベースに動くＭＢＢ経営とはどういうものなのかを第４章で検討しよう。またＭＢＢを展開するための具体的な手法やツールを第５章で述べていこう。

第4章

「思い」をベースに動く MBB経営の枠組み

MBOとMBBの統合プロセス

業務の目標における縦軸と横軸

個人の力には業務目標に関して二つの軸がある。

29ページの図表2で示したように横軸は、所与の業務上の目標を達成する力の軸であり、仕事のスキルや高い目標へのチャレンジ度合いが尺度となる。より高い目標をより完璧にこなすことだ。左脳の論理分析的な力が活きる。新人として入社して以来、注目され、培われ、評価されるわれわれなじみの分野だ。

一方で、縦軸には、個人として思いを持って、高い理想を描く力がある。長期的な視野でビジョンを描いたり、自分のキャリア形成の観点から目標を紡ぎ出したり、自分の価値観や主観を込めてやるべきことを意味づけする力などが含まれる。仕事をこなすよりも、高い志や高質な目標を生み出す力ともいえよう。高い理想を掲げてビジョンを描く力だ。より普遍的で世界に貢献するようなビジョンを描きコミットできるかどうかが尺度となる。この縦軸は、入社時点では理想に燃えて会社に入っても、横軸が伸ばされるにつれて、だんだん衰弱していく傾向にある。企業戦士として一人前に組織で生き延びる知恵を身につけて中間管理職になるころには、ほとんど残っていない場合が多いようである。

このような二つの軸を設定したときに、MBOは横軸を監視し、成長させるツールとなる。毎年、高い数値目標を設定して、やりこなしていくことで、どんどんと問題解決スキルは磨かれていく。組織内でサバイバルする知恵は深くなっていく。

一方で、縦軸は未来を見据えて、自分らしい目標、未来へのストーリーを描く右脳の力であり、正にMBBの軸だ。MBBがへたってくれば、徐々に横軸だけになり、人々は疲弊していく。いくら横軸の力が増しても、自分なりの意味を仕事に見出せないからだ。仕事だけしかしないようでは、周囲からは尊敬されないだろう。もちろん、横軸が弱くて、縦軸ばかりが強くても、夢ばかりを追いかける理想主義者になってしまい、実績が残せなくなる。またそれでは、周囲からの信任も生まれない。それゆえ、この二つのベクトルの双方をうまく伸ばし、バランスさせていく必要がある（図表2を参照）。

両者を伸ばすことで、思いを持った目標を掲げ、それを自律的に達成していき、また実力もつく。実力がつくと、さらに高い理想を描いて前へと進みたくなるという好循環が生まれる。このように私たちは、縦軸と横軸を常にバランスさせ、好循環を生み出すように自分のスタイルをつくっていくことが必要だ。

個人における二つの軸を経営システムのレベルで置き換えてみると図表7のようになる。

MBBプロセスとMBOプロセスはクルマの両輪となって、経営の左脳的側面と右脳的側面を支える。MBOは「経営成果を確実に出していくためのマネジメントプロセスとしての側面」を司り、MBBは「個人の主観を経営に反映させる思いの裏打ちの側面」である。

トップから一般社員まで、各自が主体的に経営に参画していくためには、思いを持たずにぶつぶつ言っているだけではすまされない。自分の主観的な思いを、客観的な目標の裏打ちとしてはっきりと表明していくことが必要だ。「自分は何をやりたいのか」、「自分は何のためにこの会社で働いているのか」といった主観的な思いが業務目標の原点になる。各自が思いとともにクルマの両輪としてバランスを取っていかなくてはならない。

右脳と左脳を織り込む目標設定プロセスは、トップから始まる。現場が活力を取り戻すためには、全社的にこの両輪が回るように、トップが率先し、主観と思いのMBBプロセスを経営のOSにビルトインする必要がある。クルマの両輪となる二つのプロセスが動くことで、バランスの取れた経営が可能になる。

それでは、主観的な思いと客観的な目標値を完備した経営プロセスとはどのようなものだろうか。

図表7に示すとおり、上段が、客観の管理を主体とした従来の経営プロセスである。経営ビジョンや長期戦略、中期計画などを起点として、各部門の目標が設定され、各部・各課へ降ろされ、さらには個々人のMBOにつながっていくプロセスだ。プロセスの帰結では、会社はその成果を株主に報告し、社員は人事評価制度で評価され、成果主義の処遇に結びつく。

図表7 ● クルマの両輪としてのMBOプロセスとMBBプロセス

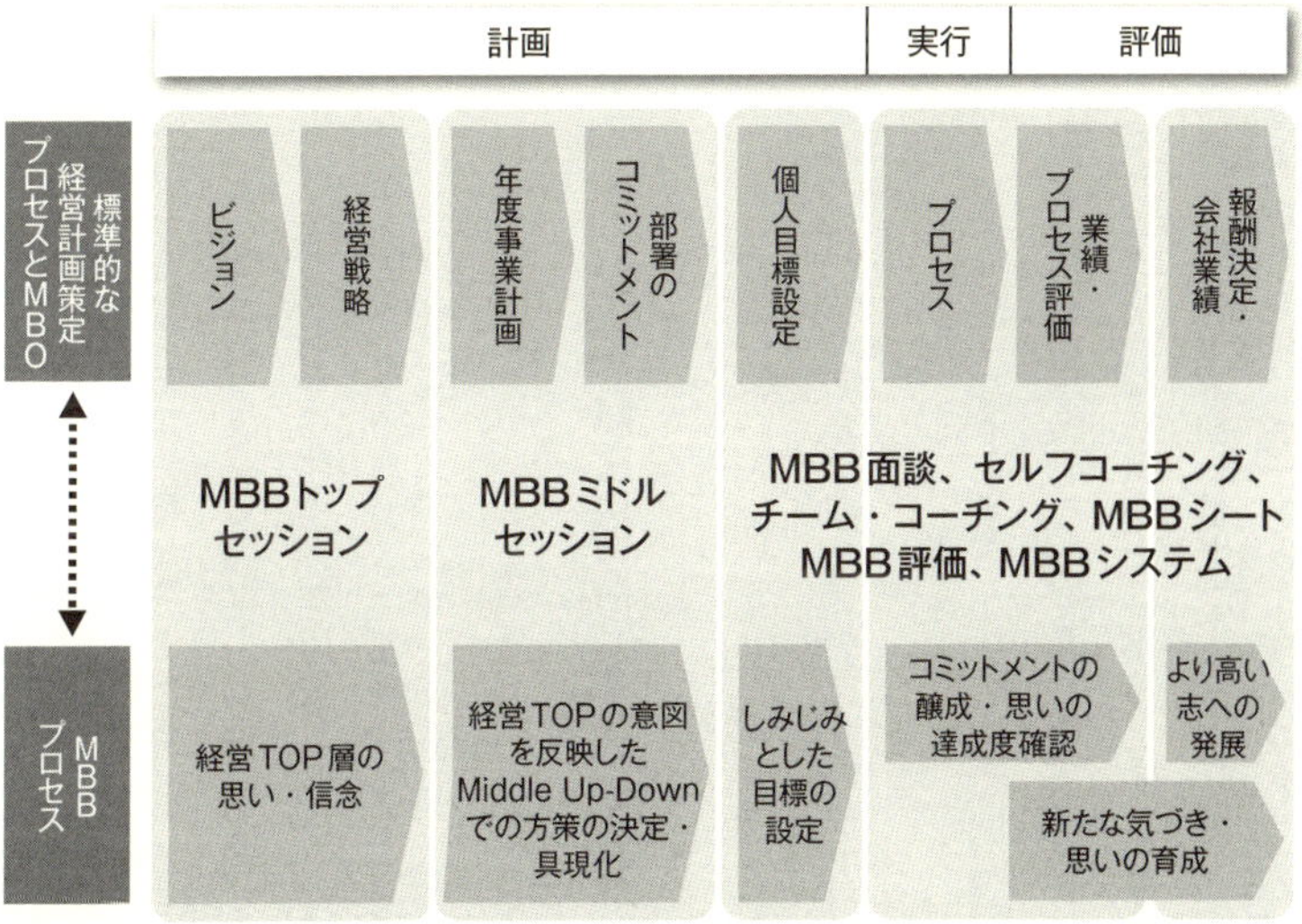

この一連のプロセスを、ここでは「MBOプロセス」と呼ぶことにしよう。

それに対して、下段が「MBBプロセス」である。そこでは「目標設定当事者の思い」を語る場が設けられる。語る場は一カ所ではない。当然、トップのビジョン設定に始まり、役員間でのすり合わせ、本部長と部長、課長と課員など、あらゆる接点で語る場が必要になってくる。

その場所ごとに徹底的に目標の意味や自分の思いを議論するのである。「本当にその目標でよいのか」、「自分なりに納得しているか」、「組織の思いがわかった上で、自分なりに施策を立てているのか」。こうした議論が交わされる。

議論を徹底する場は意識的に設定しなければならない。今日のようなスピード優先の時代にあっては、たとえ個々人が思いを持っていたとしても、スピードに押し流されて、その場しのぎの目標設定に堕してしまいがちだからである。

下段のプロセスを上段と同時並行でうまく進め、上段のプロセスに跳ね返していく必要がある。そのためにはいくつかの仕掛けを用意しなければいけない。それが図表7の中で両プロセスの間に描かれてあるツール類である。これらツール類も含め、包括的に捉えたのがMBBプロセスということになる。

目標設定ステージ——MBBプロセスで重要な「思いのあぶり出し」

MBBプロセスの中でもっとも大切なステップとなるのが、各自の思いを明確化するステップである。これを「思いのあぶり出し」のステップという。とりわけトップ層の思いのあぶり出しは最重要である。

日本企業は、難しいことはまず下から始める傾向がある。成果主義にしても、役員層での導入は一般社員よりもずいぶん後のことであった。そのため成果主義がひとえに部下を競争させる道具となってしまい、個人が成果を上げようとすればするほどチームワークが犠牲にされ、部下育成は放り出され、ギスギスした職場を生み出してしまった。成果主義が本当に必要なのは、良い目標が掲げられたときに、その良い目標に向かって、メンバーが切磋琢磨し、新しいアイデアやしくみを考え出すことであり、そういう位置づけが成果主義導入時には本来は必要だった。ろくでもない目標のために、社員を競わせることほど無意味なことはない。成果主義でいうところの「成果」の意味や質を真剣に問うことなく、評価テクニックにこだわった人事の狭い了見もその一因だ。

では、思いのあぶり出しはどう進めるべきだろうか。やはりトップのビジョンや志、信念などが組織の針路を決める最大の要因であり、ここを明確にしていく作業が出発点となる。成果主義や株主価値至上主義、成長至上主義の企業では、経営者や幹部が分析屋になって、夢や思いを大切にしなくなっているようだ。こうした企業であるかどうかは、現場に行って、『あなたの会社のビジョンは何ですか』といった問いをすると、その答えですぐにわかる。志を見失った組織は、本質を掘り下げて考える力も弱い。みなその日暮らしで、目の前の課題の解決に汲々としており、とても自分の存在意義、自社の将来について語るどころではない。

経営層が夢や思いを大切にしていれば、それは現場にも伝わり、会社のビジョンも共有されるのである。

ビジョン設定――「思い」をあぶり出すMBBセッション

実際に企業の中でMBBを実践していくためのしくみを説明していこう。これは「思いの内省と表出化」と表現してもよい。思いの内省と表出化は四つの段階で進んでいく。

①トップによるビジョンの設定。
②中期計画、年度目標設定での思い。
③現場の第一線（課長クラス）での目標設定における思い。
④個々のメンバーの目標設定での思い。

最初にやるべきことは、社長、役員ら経営陣によるビジョンの設定である。ビジョンを設定する過程で経営層が各自の思いをあぶり出すために行うのがトップマネジメント・チームによる「トップMBBセッション」である。トップ層の思いのスケールが全社の思いのレベルを決定づけるため、トップ層はより大きな価値に向かって自分たちのビジョンを検討すべきである。地球、人類、社会、世界、環境、食料、エネルギー、健康、安全など、自社の関連するさまざまな社会的価値に言及すべきだろう。ダボス会議のミニチュア版だと思えばよい。そこでは、社外の識者や外国のアドバイザーなども呼ばれよう。そういう環境認識、歴史認識の中で、自社をどうすべきか、産業をどうすべきかなどを検討する。ビジネスモデルのありようにも言及される。自部門の代表者という視点ではなく、会社全体の視点の共有が欠かせない。

トップからは具体的に、たとえば「グローバルナンバーワン」といったビジョンが出てくる。MBBセッションではこのビジョンに対してそれぞれが思いを語り、確認し合う作業を行う。

ある役員は「グローバルナンバーワンでなければ勝ち残れないから」というかもしれないし、また違う役員は「わが社がより世界に貢献していくためのグローバルナンバーワンだ」というかもしれない。「今後一〇年の世界の方向をどう見るのか」、「そのためにいま仕掛けておくべきことは何なのか」、「では、ナンバーワンは何で測るのか」ということも当然議論になろう。そうした思いをあぶり出し、おおいに語り合いながら、最後は同じ目標に向かってともに進んでいこうという心のリンケージをつくり、そこに「そうだよな」、「それしかないな」という深い心情的なコンセンサスをしみじみと得ていくようにする。先の事例でも見たように寝食を共にする合宿の場も重要だ。

われわれは従来から中期計画や年度目標を作成してきており、計画を立てることには慣れている。しかし、計画を「どうしてその計画がよいのか」、「どこまで真剣に実行しなければいけないのか」、また「どういう思いを込めてその計画を立てたのか」という点について語ることにはまったく不慣れである。また施策がバラバラに打たれ、企業としての世界や顧客を巻き込んだストーリーが描けていない。それゆえ現場の各部署に目標が下りてきても、部下から「なぜ、それをやるのか」と問われても、往々にして上司は答えられないのである。

個人が本当に仕事に対してコミットするためには、「こういうつもりで、この仕事をしたい」という思いが欠かせない。部下に対して仕事を与えるときは、会社の考え、思いが明確になっているならば、「会社はこう考えている」と自信を持っていえることになる。それが仕事や目標に対して裏打ちをつけるということだ。もちろん対話の中で、それぞれの考え方が変わっていくこともあろう。必ずしも部下の思いを上司の思いとぴたりと一致させる必要もない。しかし、少なくともお互いがその仕事や目標に対して、どう思っているのかを知ること、そして自分なりの納得感を持って目標を設定することが非常に重要となる。

実際のMBBセッションはフランクな形で行われる。雑談風といってもよいだろう。ファシリテーターが各参加者に対して話題を振りながら、各人の思いを抽出し、それを並べて書き出す。すると参加者はこれまでもやもやとしていたものが晴れて、すっきりとする。それだけでもMBBセッションを開く意味がある。

少し形を整えたMBBセッションを開きたいという場合は、自社に関するテーマを用意しておくといいだろう。たとえば自社の歴史を振り返って、そこから感じることを話し合ってみる、または創業者のことを語り合ってみる。一〇年先の自社のイメージをテーマにしてみる場合もある。「シナリオプランニング」の手法を使えば、思いとデータ、主観と客観を織り交ぜた論議が可能になる。

中期計画、年度目標の設定——「思い」の創発と共有

活発なMBBセッションを経ると中期計画や年度目標が変わってくる。何のためにやるのか、なぜ必要なのかを深く議論するので、より存在意義のある計画や目標になるからだ。「思い」がなければ、単に実需や対前年度比から割り出す計画や目標に堕してしまう。課長が課員に話すときも「本社がこういってきたから」と存在意義の感じられない、薄っぺらなものになってしまう。

そもそも自社のあるべき姿はどうだろうか。わが社が存在する意義は何だろうか。そう考える

と目標設定の根拠から変わってしまう。本来はこれが戦略立案の出発点でなければならない。逆にいえば、こうした論議ができない企業では、中長期を見据えたブルーオーシャンの成長戦略は立てようがない。

未来志向の成長戦略は、そもそも自分たちがどうしたいのかという本質論を議論する中から生まれてくるはずだ。そしてそのことは、人の思い、人のインタラクションが戦略を創発していくということを物語っている。

戦略自体は左脳で吟味されてゆくが、右脳で本質論を議論する意味は二つある。

一つは、将来像への思いを結ぶこと。これは「どうありたいか」という価値観の問題であり、論理分析からはその選択肢しか出てこない。いわば、夢の語り合いだ。そこで、「世のため、人のため」という共通善を踏まえて、自分たちらしいジャンプした成長戦略を描いていくことが可能になる。

もう一つの意味は、そのような大きな志を達成しようと思えば思うほど、障害が大きくなるという点に関連する。だが、そこで生じる障害から逃げてはならない。論理分析的に考えれば、「リスクが高すぎる」、「コストが高すぎる」ということになるだろう。新しい事業の必要性が語られても、通常は「資金に余裕がない」、「人材に余裕がない」、「スキルがない」などと足を踏み込むのに躊躇してしまう。そうした「表面的な論理」に対抗し、障害を突破するバネになるのが思いであり、思いの共有なのである。

自社をより差別化する戦略を取るためのツールはたくさんある。「ブルーオーシャン」、「オープンソース」、「CFT（クロス・ファンクショナル・チーム）」など経営戦略上のご宣託はさまざまだ。しかし、どれもだれしもがいいと思っているのに、意外と実行されない。また成功もしない。それは「本当にやるべきだ」という思いが欠けており、ツールの導入だけが論議されるからだ。難しい障害があればあるほど、思いの強さがそれを乗り越えるエネルギーとなるのである。

また成長戦略が本当に全社に根づいていくかは、トップチームの明確なイメージのすり合わせができるかにかかっている。トップ、役員に思いがなければ、各部門は当然自分たちに都合のよい目標を立てる。生産、開発、販売、管理などがそれぞれバラバラに動き出す。その結果、「部門最適、全社不最適」になってしまう。部門長の上の社長、役員が部門長のMBBセッションに参加し、トップマネジメントの思いをしっかりと伝える必要がある。それをベースに部門の目標をつくっていく。

社長、役員が参加する部門長MBBセッションではトップ層とのQ&Aセッションの形を取る。そこで全社目標と全社の思いを理解し、次に部門長が自らの思いを吐露し、共有する。その下の層でも同じだ。現場の課長のMBBセッションには部門長・部長に参加してもらう。部門長・部長が自分たちの思いを語った後、課長同士が対話を重ね自分たちの思いを表出化し、現場の目標を作成するのである。

こうやって上から下まで順々に思いを伝え、創発し、対話を繰り返す。すると各層のMBBセッションで醸成する心のリンケージが、階層間を超えて組織に重層的に広がり、「思いのネットワーク」ができていく。

MBOの目標数値の裏づけ

MBBセッションを経たあとの個人のMBOにおける目標はずいぶん異なってくる。仮に「今年は五億円の売り上げを達成する」を目標としてみよう。

MBO側においては、目標管理シートに数字を書き込む欄があるから、個人に割りつけられた数値を埋めるだけだ。しかしMBB側からすれば、五億円の売り上げの裏にあるのは、たとえば「この地区で一番の評判を得る」ことかもしれない。「顧客から『ありがとう』、『いいね』という言葉をもらうために仕事をする」ということかもしれない。顧客から一番だと評価された結果で五億円につなげていきたい、というわけだ。

こうして「思い」や気持ちを込めることができる。接客がまだまだだと感じれば、その方法を自ら学ぼうともするだろう。それを糧にして結果としての数値を目指すのである。

事例で挙げた星野リゾートの星野社長は目標とする数字に対して「達成すること自体が重要だとは思っていません。大切なのは数値の達成を目指すそのプロセスにあります」と語っている。今年一年で達成できないかもしれないが、そこに向かって努力していく過程が大事だといっている。それは正に思いを持った目標到達のありかただ。

MBOでは、目標設定時に書いたことを一年間続けていくことが大事である。だが、「そもそも何をやりたいか」、「それをやったらどういうことが起きるか」、「それをどういう方針でやるか」といった重要な事柄を考えるプロセスを抜きにして走っていることが多い。「昨年は五億円の売り上げだったから今年は五〇〇〇万円上積みしよう」といったところで、心底考えてみれば実はその数字にはあまり意味がないのである。ゼロベースで考えたときに、「五億五〇〇〇万円の売り上げを達成することにどんな意味があるのか」を話し合う必要がある。MBOもそこから始まっていけば、従来の非人間的なプロセスから脱することができるであろう。

「五億五〇〇〇万円を実現すればトップシェアが取れる」とするなら、それは自分にとって、また会社にとって何を意味するのか。そのことを主体的に考え、解釈してこそ大胆な方策が生みだされるのであり、そのとき、「何をやりたいのか」、「それでどうなるのか」といった根源的な思いと照らし合わせながら行わないかぎり本当の革新にはつながらないであろう。

MBBが強く働く企業はまたMBOもそれに引っ張られ、結果的に業績を高めていく。第2章のアウディのデザイナー、和田氏のケースでいえば、美しいデザイン、人を幸せにするデザインをとことん追求する先で世界で売れるクルマが生まれてくる。そこで売り上げが立つからこそ、次のデザインの原資も確保できるのである。もし、思いだけで、それが結果に結びつかなければ新しいデザインの原資が生まれてこない。だからアウディも売り上げ、利益を出すことには執心する。

日常のMBB——OJTをめぐる問題

日本流のOJTでは後輩が先輩の背中を見ながら手法を学んでいく。もしくは手取り足取り、マニュアルに赤鉛筆で線を引きながら教え込む。だがそれは非常に狭い範囲のＯＪＴである。そんなＯＪＴがＭＢＯの中に入り込むと、「動作を教え込む」色合いが強くなり過ぎる。

ＯＪＴをＭＢＢの中に位置づけると様相は一変する。ラフなＯＪＴなら先輩、後輩で飲みに出かけて話をしてもいいだろうし、職場で雑談する方法もある。営業先に行くのに同行して車内で話す手もある。もう少し形式ばったＯＪＴであれば、仕事の指示やプロジェクトの指示に対して、それがどういう意味があるのか、何を目指しているのかを質問してみる。それをきっかけに議論が湧き起こり、お互いの思いがぶつかり合う場が生まれる。

また、ＯＪＴを職場内だけで完結させる理由はまったくない。上司、部下、あるいは先輩、後輩の閉じた世界で実施されるＯＪＴは従来の知識や技術を伝承するのには向いているかもしれないが、それを超えて次代の知識や技術を身につけることは必ずしもできないかもしれない。ＯＪＴの概念を職場の外にまで広げてみることも重要だ。

左脳偏重のＭＢＯはいま、ますますタスク志向を強めている。しかし、タスク志向といっても、環境変化が激しい今日では、タスクそのものが途中で変更されることも頻発しているのが現実であろう。まして、加速度的なＩＴ化、グローバル化の環境下にある今日、むしろタスクが変化することを前提にして考えるほうが時代に合う。カオスがあたりまえだという前提に立つわけだ。するともっと人の創造性や自律性に光を当てなければいけないことがわかる。タスクの突然あるいはたび重なる変化に対応できるのは人間の創造性をおいてほかにはないからである。そうなるとタスク志向という金科玉条が根底から崩れていくのである。

むろん最低限の仕事を進める上で、ＯＪＴによるスキル修得は欠かせない。だが、それだけでは厳しい局面に来ているのが現代だ。カオスを当然として受け止め、その中で自らが何が大事かを思い定め、実行していく。そういう力を養える学習の仕方、変化の仕方を教えるＯＪＴこそが求められているのである。それが「外の世界に開かれたＯＪＴ」だ。ＭＢＢの世界でのＯＪＴはそれゆえ、上司部下の関係ではなく、社内外のネットワークを存分に駆使したところに位置する。自部署以外に自分と一緒に議論する仲間や、導いてくれるロールモデルやメンターを持つことだ。そのために、社外の勉強会へ出かけて行ったり、必要ならば海外留学してネットワークを広げる。ＭＢＢの世界で捉えるＯＪＴとはそうしたダイナミックなものだ。

気をつけなければいけないのは、学ぶフィールドが広がれば広がるほど、同時に、常にいま時点での自分のビジョン、問題意識、仮説などの将来の方向性への自分のコミットメントが一層問われてくる点である。そうした要素が欠けていると、単なる知識の習得マニアになってしまう。縦軸ばかりが伸びていきかねないわけだ。また単なる広がりだけでは、同じ悩みを抱えるもの同士の傷の舐め合いや愚痴の言い合いにもなりかねない。

その意味ではトップとの懇談の場を持ったり、社外の識者との交流の場や気づきの場など、一段高い目線での検証の場が重要になってくる。自分の世界とは違う人と交わり、直接会話することで気づくことは大きい。刺激を受け、批判され、気づきを起点とし、さらに一段高い思いや夢を育んでいく。自律的に学ぼうという意識が高まり、職場の壁を越えて行動できるようになる。

欧米の優秀なマネジャーはむしろMBB

この点では欧米のマネジャーの中には、MBB的なアプローチを身につけている人々が日本よりも多いのではないだろうか。縦軸も横軸もたいへん高いマネジャーの実例を見ることができる。マネジャー自身がきちんとビジョンを持ち、組織のメッセージを自分なりに噛み砕いてモノにしているのである。そのうえ、部下に押しつけるということがない。コミュニケーションがマネジャーの基本スキルであると理解していると同時に、こちらの思いを聞き、それをさらに高めようと手を貸すようなオープンマインドなスタイルだ。自分の思いを説明しながら、部下に対して「キミはどうしたいんだ」とどんどん聞いてくる。そうやって部下を大人扱いし、思いを引き出すところは懐の深さを感じる。マネジャーにはマネジャーなりのシナリオがあるはずだが、部下とのやり取りの中でそれさえも変えてしまう柔軟性も持ち合わせている。

日本のマネジャーと欧米のマネジャーの一つの大きな違いは、組織人という軸においてまったく異なる価値観を有する点だろう。日本の場合は、組織人といえば組織のいうことをきちんと聞き入れて反抗しないイメージがある。しかし欧米の組織人というのは、組織を活かすほうに軸足がある。それは、マネジャーが責任を任され、新たなイノベーションの起点として期待されているからだろう。ルールやしがらみにがんじがらめの日本の状況とは異なる。

MBOの世界の、横軸中心で上から下への一方的な指示命令の中からは決してイノベーションは生まれてこない。人も含め、組織の中に存在する資源を一二〇％活用するのがマネジャーである。組織を活かすための人間的なスキルや人間力の重要性は真に優秀な企業においては、欧米のマネジャーのほうがよくわかっているようだ。

日常の対話のプロセスで「思い」を高質化する――セルフコーチング

「思い」を語るといっても、白紙の状態から思いが出てくるわけではない。常日ごろから考え、行動しているところに思いは出てくる。だから日ごろから「考える習慣」を大事にしたい。そしてそのためには、考えを書き留めることが重要だ。たとえば短い日記でもいい。将来の夢を書き込む夢日記でもいいし、日々、関心を抱いたことや面白いと感じたことを手帳に書き込む方法でもかまわない。ＩＴ時代らしくブログでもいい。日々感じたこと、考えたことを記録していくのだ。それを続けていくと、自分の内面で育ちながらも、気がついていなかったことが表出してくる。何が面白いと思ったか、関心ごとは何か。そういうことをつきつめていくことで思いを育んでいくことが可能になる。これを「セルフコーチング」という。

こうした個人の内面の気づきをさらに膨らませていくのが「対話」である。自分の中でセルフコーチングをしてもいいし、上司と部下の間で「きょうはこういうニュースがあったがどう思ったか」、「いま、これが社会問題になっているが、どう考えるか」といった投げかけや対話でもいい。上司が広い世界観を持って部下に問いかけることで、セルフコーチングの内容をさらに高い次元で考える対話が発生する。各自が考えたり、お互いに対話する場面を、SNSなどのITネットワークの中で実現するのも効果的だ。みんなが意見を交わしているのを見ながら、上司がコメントする方法もある。チャットやツイッターなどの何気ない対話がやりやすいITツールも登場しており、バーチャルな対話の可能性も広がっている。

まずはモノローグ的に手帳や日記、ブログにメモし、思いを形式化する。それを自分の中でさらに深め、加えて対話によって高質化していく。対話によって、いろいろな立場の人の思いを交差させることで、豊富で多彩なアイデアが生まれ、それぞれの思いも一層深まっていく。対話は職場での上司、部下の対話であってもいいし、ブログのトラックバックでの対話でもいいだろう。

また、他社の人を巻き込んでセッションを行う方法もある。企業によって価値観が大きく異なるので、そこでの発見が、これまでの自分の思いの限界を破り、さらに広く、深い思考につながっていくだろう。

MBBのセッションをイベント化し、縦横無尽に思いをぶつけ合う

目標設定を離れた日常の中でも、MBBセッションをやることが可能だし、その意義は大きい。非常に刺激的な場にもなる。ジャズ奏者同士がその場の掛け合いの中で即興で新しい音楽を生み出すジャムセッションだと思えばよい。予期しない新しいものを生み出す可能性をはらんでいる、予定調和的ではない、創発の場だ。

この「ジャムセッション」の先駆的な例がＩＢＭが２０００年代前半に世界中の社員をネットで結んでいった対話、「バリュージャム」である。これはＭＢＢ的な要素を多分に含んでいるので紹介してみよう。

ＩＢＭには元々、「個人の尊重」、「最善の顧客サービス」、「完全性の追求」という三つの信条があった。それに照らして社員は行動し企業も成長してきたのだが、メインフレームの衰退を受けて、１９９１年には創業以来初の赤字に転落し、大きな危機に陥った。市場の変化に対応できなかった原因は、「個人の尊重」がいつしか「仕事の保証」という既得権に変わり、「最善の顧客サービス」が「顧客へのサービス奉仕」に変質していまい、「完全性の追求」が、「重箱の隅をつつくような完全性」や、われわれこそが正しいという「傲慢」に変質してしまったからだった。

そのような状態に陥ったＩＢＭを復活させるためにナビスコから招聘されたＣＥＯのルイス・ガースナー氏は、「ＩＢＭの既存の常識を疑え」、「立派な計画はこれ以上いらない」、「客はよそを選んでいるんだ」、「悔しくないのか」と幹部に発破をかけ、意味のない伝統を否定して危機から脱却した。ＩＢＭはメインフレーム企業から脱皮し、サービスカンパニーへと変身し、今日に至る復活への道を歩み始める。ガースナー時代を経て、２００２年、トップがサミュエル・Ｊ・パルミサーノ氏にバトンタッチされるとき、それまでの変革を定着させるために、企業の価値観・理念（バリュー）を再定義する大イベントが開かれた。それが「バリュージャム２００３」である。

これは世界中のＩＢＭ社員がインターネット上で理念について三日三晩チャットに参加するというイベントだ。日本からも五万人の社員が参加したという。

バリュージャムでは次のようなテーマで世界中の参加者の間で激論が交わされた。

・ＩＢＭの価値観――ＩＢＭの価値観なるものは存在するのか。
・価値観の原案――ＩＢＭが目指すべき姿と成長する上で欠かせない価値観とはいかなるものか。
・ＩＢＭの影響力――ＩＢＭが今夜この世から姿を消したならば、明日の世界はどのように変わってしまうだろうか。
・黄金律――ＩＢＭはどのようなときに持てる力を最大限に発揮できるだろうか。

この四つのテーマで社員のフォーラムがネット上で開催された。当初、経営陣が懸念したように一日目は「ＩＢＭはおかしい」というような会社批判的な意見が続出したという。しかし、二日目になるとそうした見方では物事は解決できないという社員が現れ始め、「でもＩＢＭは捨てたものじゃない」という意見が増えていったという。

このようなフランクな議論の中から出された意見をもとに、その後新たなＩＢＭの価値観が誕生する。「お客様の成功に全力を尽くす」、「私たち、そして世界に価値あるイノベーション」、「あらゆる関係における信頼と一人ひとりの責任」という三つのバリューだ。

バリュージャムは翌年以降、社外の識者を巻き込んで、イノベーションについてグローバルに語り合う場として、継続されていった。世界的な対話によってＩＢＭはさらに、イノベーションカンパニーとしてのレピュテーション再確立した。

パルミサーノ氏のＩＢＭのバリューを再定義するという強い思いに端を発し、バリュージャムという大掛かりな対話の場を経て多くの人の思いがぶつかり合い、高質化していった。世界中のＩＢＭの社員をネットワークし、侃々諤々の議論を戦わせた。いまでは、そのしくみをさらに発展させて、世界中のＩＢＭ以外の人々をも巻き込んで、対話のネットワークを拡大させることで、世界の知を取り込んだＩＢＭの事業戦略やメッセージ発信も行っている。このように日常の中で、思いを発見し、語り合って高めるという場をクリエイティブに、個人レベル、組織レベルで用意できる個人や企業は大きなエネルギーを獲得することができる。

評価のステージ――ＭＢＢ型の評価・報酬制度

さて、年初の目標設定やその後の日常での思いの対話やセッションを経て、年の締めくくりとしての評価の時期がやってくる。ＭＢＯとＭＢＢでは評価・報酬のしくみも異なる。

ＭＢＯでは成果主義の評価と報酬という側面が色濃く出るのは当然だ。きちんと約束は果たされなくてはならない。評価において、常にその納得度や公平性が問題になり、目標の達成度をどう測るかは、評価の技術論として永遠の課題として残る。が、少なくとも、そうした場合に語られるような評価技術の高度化や精緻化だけでは、ＭＢＯの評価の納得度の問題は解決しない。期末の評価の納得度は、ＭＢＯの世界の中での目標設定の納得度、日々のコミュニケーションの納得度の掛け算だからだ。しかも、ＭＢＢの世界での思いの共有がなければ、なおさらだ。

ＭＢＢのプロセスを経て、上司・部下の間、あるいは従業員と会社の間で、思いやビジョンのベクトルという大きな枠組みが共有されていることが、細部の現実での納得度を大きく左右する。長い目で見てフォローされているという安心感、信頼関係の中でのケアが機能するようになるからだ。ＭＢＯ一本では、透明性、単年度清算、計測可能性など、論理の世界のみで解決せざるをえなくなってしまう。

それに対してＭＢＢでは、思いを共有するプロセスを年間を通じて動かしていくため、ＭＢＯ的な意味での評価とは違った評価になる。それは評価というよりも、棚卸し、振り返り、マイルストーンという概念に近い。すなわち、ＭＢＢでは予定調和型の決まった計画を達成するのではなく、議論をしながら思いを深めていく継続的なプロセスであり、出会いや実践の中から新たなよりよい目標を探索していく行動が重要だからだ。それゆえ、一年間に、いったい自分は何を学び、どのように成長したのか。自分の思いはどの程度実現できたと自分や周囲は見ているのか。努力はどの程度払うことができたのか。こうした自らへの問いかけが評価の尺度となる。

それこそ、ＭＢＢにおける「学習型の評価・報酬」である。ただしＭＢＢにとって、評価・報酬は非常に難しいのも確かである。ＭＢＢがきちんとできるようになれば、ＭＢＯにおける目標設定も納得度の高い崇高な目標になってくるはずだが、通常は、ＭＢＯの評価とＭＢＢの評価はしばらくは並行して走らざるを得ないだろう。その際には、まったくＭＢＯの成果主義を排してしまっては、かえって弊害を招きかねない。学習型の評価・報酬は理想的ではあるが、直接、賞与に反映するところは業績だろう。

企業がＭＢＯからＭＢＢにマネジメントのスタイルを切り替える過程においては、成果主義を残しながらも、学習型の評価で加算点を付与していくということが現実的となろう。MBB的な評価とMBO的な評価をどう組み合わせるかである。どれだけ学習のポイントを加味するかは各社の事情によって決まってくる。

MBB評価（振り返り）のポイントの例

・期初の思いの達成度―自己評価、上司の見方
・新しく学んだこと―自己評価、上司の見方
・思いの対話の充実度―自己評価、上司の見方
・会社のベクトルへの理解の進展―自己評価、上司の見方
・周囲との関係性の深まりや広がり―自己評価、上司の見方
・新しい発見や問題意識の獲得―自己評価、上司の見方
・思いの達成度―MBO結果との連動

このようなポイントでの振り返りを通じて、一年間の「MBBの充実度」を棚卸ししていくことになる。これはあくまでも定性評価であり、自分へのチャレンジの通信簿だ。それゆえ、上司が評価を下すのではなく、上司はサポーター、あるいはコーチとして部下自身の努力への認知、賞賛、アドバイスをしてあげる。評価点は絵文字でもいいだろう（図表8）。また一年間の振り返りだけではなく、年間を通じていつでも、上司はフィードバックをしてかまわない。むしろ日

常の思いの対話の中で、フィードバックをしないほうが不思議だ。

個人にとって気になるのは報酬であろう。ＭＢＢの報酬もＭＢＯとは異なる。去年の「いま」より今年の「いま」のほうが「仕事が面白くなっている」、「よりチャレンジしたくなる仕事が見つかっている」、「上司や会社との相互理解が進んで働きやすくなった」、「会社の方向に前向きになれた」、「社長と直接話せる機会があってしみじみした」、「会社が好きになっている」、これこそがＭＢＢにおける最大の報酬なのだ。

それを考えると報酬は何も一年に一度、半期に一度である必要はない。日常の中で、「掃除してくれてよかったよ」、「資料を早くつくってくれて助かるよ」と、ちょっと褒めることでも日々の報酬になる。また、そのような思いを発揮してコメントをもらえる場の設定そのものが報酬になる。プロジェクトへのアサインや人事異動、昼食会への参加、トップへの報告の場、社外への発表の担当など、自分の思いを表出できる場をもらえることも重要な報酬だ。

それゆえ、思いの対話を普段から行っていなければ、上司もどういう場を与えればいいのかがわからないことになる。ＭＢＢにおいては思いの対話と評価・報酬は連続している。これこそ本音の対話であり、本音で部下をケアするということだ。それが蓄積していく中で、仕事の喜びとか楽しみが生まれてくる。しかしいまの企業の環境では、それがあまりにも少なすぎる。

このような学習型の評価はだれにでも当てはまるものなのだろうか。将来の幹部候補生であれば、学習型はもちろん好ましい。現時点での実績だけでなく、どれだけ学習し、自分を成長させたかが企業にとっては将来の貢献度を得ることになるからだ。しかし一般職や派遣社員、パー

できるものはなるべく具体的に数値化する）				上司の気持ち 共感度 （絵文字評価）
ACTION PLAN （目標達成に向けての具体的行動・ 手段・スケジュール等）	重要度	難易度	思い	
	%	H M L	とても 強い	
	%	H M L	なんとか したい	
	%	H M L	正直 いって 迷いあり	

＜具体的方策＞	なんとしても なしとげたい	

図表8 ◎ MBB&MBOシート

1．COMMITMENT & BELIEF

◎期首設定（本人が設定後、所属長と面談の上、決定）

	今期の重点目標・課題（客観的な測定ができるよう定量化
	COMMITMENT & BELIEF （到達数値またはレベル・状態を明確に）
目標①	労務費削減 1000 億円の達成
	思い：収益目標達成には不可避だが、社内のこれまでのいい雰囲気を壊さないように細心の配慮はしていきたい
目標②	MBO システムを改善し、より士気の上がるしくみを 11 年度から導入する
	思い：上司と部下できちんと思いを共有できるしみじみとする対話が行える場として、MBO を再構築し、日本中に発信したい
目標③	社外との交流を活発化させる仕掛けを導入 労務費削減分の一定割合を教育研修費に回す
	思い：一方的な削減ではなく、社員のスキルアップやマインドアップに投資しなくては、成長戦略につながらない

2．DREAM CHALLENGE

< MBB チャレンジ目標>	<思い>
留学制度に応募すべく、 英語の勉強を開始し、 年末までに TOEIC900 点を達成する	グローバルな人事の考え方を習得し、 社長の唱える今後の知識共創の コミュニティづくりに貢献していきたい

ト・アルバイトはどうであろうか。みながみな学習型を受け入れたいと思うのだろうか。

この点については次のように考えることが大切だ。MBBにおいては、「自分の思いに忠実になること」が中心であるが、一方で「みなで知を高め合う集団になる」ことが重要であり、その関係性への参画意識が信頼のベースになる。それゆえ、どんな立場の社員であっても、みな何かを持ち寄り、互いに貢献する意識が根底になければならない。そういう意識である以上、常に向上心が持てるはずであり、それが学習ということだ。面と向かって「学習せよ」といわれてもすくんでしまうかもしれないが、職場で助け合い高め合う関係性への参画は、本来的にどんな社員であっても共通のものとして理解されるだろう。また、そのためには、上司の側、会社の側からも熱いメッセージが発信される必要があることはいうまでもない。この点では多くのパート・アルバイトを巻き込んだユナイテッド・シネマが好例であるし、またスターバックスコーヒージャパンもすばらしい。

重要なポイントは、目標を達成したかどうかを問うことよりも、どんな思いで目標に向かっているのか、意欲を持って達成しようとしているかを問題にするということである。星野リゾートのケースを思い起こしてみよう。簡単には達成できない高い目標をあえて掲げているが、たとえそれが実現されなくてもそれが重要ではないと星野社長は語っていた。高い目標に向かって努力するプロセスが大事であると。

本当に思いを込め、目標にコミットしていれば、目標値がぶれてもかまわないのではないか。社員を会社に縛りつけることによって目標を必達することよりも、多少のぶれは許容してもみなが生き生きと動くことのほうにこそ価値があるのではないか。会社は寛容さを持ち、箸の上げ下ろしまで問うことはしないという価値観に変わっていかなければいけない。

また、目の前の仕事に縛りつけずに、長期的な価値の源泉がプロジェクト経験やシャドーワークにあることも認識すべきだろう。このような寛容さと懐の深さを持った漸進型のマネジメントを再評価してみよう。予定調和的な目標設定、目標必達、バランススコアによるKPI（重要業績評価指数）の設定などの管理志向の文化から離れてみよう。すべてを定量化して計画し、仕事の流れや人々の行動を一年単位でコントロールするのではなく、それぞれの思いが込められ、ときには目標値が変わりながらも徐々に高邁なビジョンにたどり着こうとする流れのダイナミズムを大事にするのだ。

全員が思いを持った自律したリーダーであるという前提に立って、社員をケアし信頼することから始めてみよう。そして、成長を喜び合い、評価していこう。学習評価、ポテンシャルの評価、プロセスの評価、DNA（○○WAY）型評価、全員参加型評価などの新しい評価の形をどんどん創造しよう。MBB評価は自由設計だ。学習はどこまで進んだろうか。何を学んだろうか。こんなことができそうだ。全部でなくても五〇％できた。これらはMBBプロセスにおいては、十分評価の対象となる。全員で、この一年で会社における価値を生み出す源泉がどれだけ増えたかを評価してみよう。結果ではなく、価値を生み出す源泉がどれだけ豊かになったかが大事である。それが会社の長期的な成長と価値を左右するからだ。

ＭＢＯの世界観からＭＢＢの世界観へ

予定調和型から未来探索型へ

この節では、いままで述べたＭＢＢのサイクルを支える基本思想を整理しておきたい。第一に、「未来探索志向」である。それに対して、ＭＢＯプロセスの基本思想は「予定調和志向」である。

予定調和の世界では、まずやるべきことが決定されると、そのための手段は合理的に算出され、計画が立てられ、すべてはそのように進むことが前提とされる。トップの目標は組織に合理的に落とし込まれ、各部署に割りつけられる。各部署がそのとおりにやりさえすれば予定されたとおりの実績が上がるはずである。そのために必要な資源が割り出され、人的資源が調達される。ギャップを埋めるための教育研修が行われる。このように目的合理的な経営戦略と戦術が設計されていく。数値目標を立て、その目標をブレークダウンして各人に割りつけ、ＰＤＣＡを回し、各人はロジカルに考え行動する資源とみなされ、目標必達が要求される。それに応じる人事のしくみは成果主義である。

ロジカルシンキングは物事を効率的にスムーズに進めるためにはたいへん重要だが、ＭＢＯプロセスの中に入り込むと、単に合理的に目標に到達するという側面が強調されてしまう。目標自体の合理的な手段形成には役立つが、そもそもその目標自体が適切なのか、やるべきことなのかという本質的な議論につながらない。とにかく合理的に判断し、効率的に仕事を進めるための道具となってしまう。

まるで心を持たないロボットが、与えられた選択肢の中からもっとも効率的な動きを選ぶようなものである。皮肉なことにロジカルシンキングの背後には、「あまり難しく考える必要はないのだ」、「無駄を省き、漏れさえなければよいのだ」といった発想が潜んでいる。そのために「正しいか、正しくないか」、「やるべきか、やるべきでないか」は問われることがない。ただひたすら効率を求めるのである。

しかしＭＢＢの世界からはそれに対して疑問が生じる。抜けがなく無駄なく仕事を進めるのがいいのか。意外にも抜け、漏れがある人のほうがいい発想をするかもしれない。ＭＢＢ流に考えると、そう考える余裕が出てくる。つまり、ギチギチに効率化・合理化した世界からは創造的な発想は出てこないのではないか。それがＭＢＢがＭＢＯに突きつける疑念である。

ＩＢＭのバリュージャムもそうだが、ＭＢＢ的な仕掛けというのはやってみなければわからないところがある。世の中の多くのイノベーションもふとした弾みや思わぬ失敗、現場のちょっとしたアイデアや顧客の声からスタートするものが多い。思いを持った担当者がコツコツと積み上げていくものである。決して、最初からきれいな計画やトップの指示があるわけではない。

ＭＢＯだけであれば「目標を決めたのだから、とにかく実行しなさい」という話になり、やらなければわからないというあいまいさは許されない。だがＭＢＢの世界はモノローグ的な思考や対話を通じて、やり方自体も変わっていくし、目標自体も変わってしまうかもしれない。その点が非常にクリエイティブであり、未来探索志向と称する所以である。実際、ＭＢＢがＭＢＯのプロセスに埋め込まれると、仕事を達成する手段も変わってくることが多い。自分にとって意味のある形で目標を達成しようとするからである。

ＭＢＯの世界ではマニュアルや基準に沿って、仕事をこなし、慣れてくると、いかにしてうまくこなすかにフォーカスが当たる。だがＭＢＢでは仕事は自分の目標を達成するために、どう利用するかという発想だ。仕事は自分の目標を達成するための手段でもあり、学習要素でもある。既存のマニュアルを覚えるだけでは物足りなくなり、もっと外から情報を得よう、他社の研究をしようと、目が外に向く（外界志向）ようになる。それにつれ仕事のプロセスは変わっていくだろう。

上司のチェックもＭＢＯとＭＢＢでは大きく変わってくる。ＭＢＯでは目標の達成が重視され、達成できない場合にはその原因が追求される。しかしＭＢＢであれば、上司は「私は部下の思いに対してどういうサポートができるだろうか」という支援型になる。部下が行き詰っているときに、「こういうことをやってもいいのではないか」とアドバイスすれば、そこで部下がブレークスルーするかもしれない。

異業種から学べ

ＭＢＢプロセスをＭＢＯプロセスに跳ね返すとき、ビジョンや戦略づくりのメンバーは変わらないが、進め方が大きく違ってくる。ＭＢＯプロセスだけならフォームがあって、去年の数字と比べて今年はどのくらいプラスして書き込むかしかないであろう。せいぜいのところ、他社はどうしているかを検討するくらいである。

だがＭＢＢプロセスを入れていくと、本来どうあるべきか、自分はどうしたいのかという思いを育み、対話を経るので、より本質的なところから話が始まることになる。そこには今年達成できなくても、将来実現したいことが入ってくるかもしれない。ベンチマークをするにしても、同じ業界内だけでの比較をする従来型では物足りなくなる。たとえば日産自動車がトヨタ自動車をベンチマークにするのではなく、グーグルをベンチマークしてもいい。そうやって土俵を広げていくと、どうなるだろうか。

数字自体を見ると先に述べたように、ＭＢＯとＭＢＢの世界ではそう違いはない。一〇％成長などのように、いずれにしても目標は設定される。しかしその内容は大きく異なる。ＭＢＯでの一〇％には自社なりの意志がなく、過去のトレンドを引っ張るなり、他社の動向や市場分析の結果、あるいは気合いの世界で決定されてくる。数字を達成するにしてもクルマを何台売り、それで足りなければ新車を出せということになる。既存の枠組みの中で数字をいじって積み上げ型の目標を立てるのである。

同じ一〇%でもMBBの世界ではその数字自体よりも、「三年後にはこうなりたい」という思いを話し合った中から初年度の数字が出てくる。「グーグルのようになりたい」という話が出てくれば、そのためにどうするか、手段についても話し合われる。車種にしても均等に出すのではなく、「こういうクルマを出していくべきだ」という対話が生まれる。そこに、みんなの思いが入り込み、戦略にメリハリが出てくるのである。

日産自動車がトヨタ自動車をベンチマークしているうちは、「トヨタの新車の対抗馬は何にするか」、「もっとコストは下げられないか」という議論に終始してしまう。だが、グーグルをベンチマークにすることになれば、核心は数字の話ではなくビジネスモデルや組織形態の話に移っていくかもしれない。だからMBBセッションで異業種に学びながら何をテーマにするか、何を語るかは非常に大切なことである。

組織やルールありきの幻想

思いを育んでいく上で、大切な心構えがある。それは組織やルールは最初から決まっているようでいて、実はどうにでも動かしようがあるということだ。

企業は目的のためにそのつどベストな方法を選び、その蓄積の中で成長する。現在のルールや組織が目的を遂行するために具合が悪ければ、変えればいい。企業には古い垢のようなものもたくさん堆積している。過去の遺物だが、だれもあえて手をつけなければそのまま残っていく。また先輩の遺産として、手をつけられない厄介ごとと思われているものもある。ルールや組織が現在にそぐわなければ変えればいいのだが、それにはエネルギーが必要だ。変えてはいけないとだれも言ってはいないのに、なぜかタブーになっているものを変えるのにもエネルギーがいる。そのような組織の遺物やイナーシャを振り切るエネルギーの根源はやはり「思い」なのである。

若い社員は古いものにぶつかると二つの反応を見せる。「そんなのはおかしい」と考える人と、「自分は知らないから学ばなければ」と思う人だ。どちらからのアプローチでもかまわないが、その次のステップが重要だ。「そんなのはおかしい」と考えた人は、どうすればいいかを考え、実行する。そうでなければ単なる批判に終わってしまう。「学ばなければ」と素直に反応した人は、学んだことを持ってどうすればいいかを考える。そうでなければ単なる「お勉強」か「妥協」で終わってしまうだろう。

批判、もしくは「お勉強」から脱却し、よりよい解決法を探り前進する。そうやって一皮むけると新たなチャンスに出会える。ステップを一つひとつ上がりながら自分なりの味を出していけばいいだろう。最初は小さなことから始める。いきなり大きなことに挑戦しても失敗して次のチャンスを得られなければ、殻に閉じこもるきっかけとなってしまう。批判する人はますます批判するだけになり、勉強する人はますます勉強の中に閉じこもってしまうだろう。

小さいところから積み上げていきながら、確信を得て思いを強くするスパイラルアップのプロセスが重要だ。

モチベーションから意志力へ――ソーシャルデザイン・リーダーシップ

リーダーのコンピテンシーを改めて考えてみよう。意思決定力、統率力、調整力。危機を乗り切るリーダー、急成長を実現するリーダーをイメージすると、たしかにこれらの能力は必要であろう。しかしMBBによって社員とともに持続的な成長を成し遂げ、組織を熟成させていくリーダーは、思いを大事にし、知恵を出す場づくりを行う。彼らは場を盛り上げることを求められる。明るくなくてはならないし、ちょっとわきが甘いくらいのほうが人は寄りつきやすい。加えて、常に新しい切り口や驚きを提供できるような視野やビジョン、発想も重要だ。周りの人がリーダーに向かって、自分の思いを語りたくなるような人物だ。

そういうリーダーシップを多摩大学大学院教授の紺野登氏は「ソーシャルデザイン・リーダーシップ」（Social Design Leadership）と名づけている。人々をつなげ、思いを語り合い、新たな関係性を創造していく役割だ。場づくりがうまく、新たな世界をみなで創造する思いを抱かせていく。思いを持ち、しみじみ感のあるコミュニケーションを通じて周囲に、モチベーションや意志力を湧き起こし、人々を勇気づけ、つなげることのできるリーダーシップだ。こうやって新しいソサエティをデザインしていくわけだ。

ここでソーシャルデザイン・リーダー（ソーシャルデザイナー）が留意しておきたいのがモチベーションという言葉である。最近はモチベーションがどうも安っぽく使われることが多い。仕事にモチベーションをもたらすために好きなことを見つけてあげるのがリーダーの仕事だ。やる気をくすぐるようなしかけを用意しないといけない。そんな程度の認識が多い。その結果、好きなことをやらせなくては部下のモチベーションが保てないので、上司は部下のご機嫌を伺うようになる。

しかしモチベーションは思いつきのものではないし、一過性のものでもあるまい。またソーシャルデザイン意識を持って場づくりをするのは、単なるやる気を引き出すための迎合でもない。ロンドンビジネススクール教授のスマントラ・ゴシャールは共著書『意志力革命』（ランダムハウス講談社）の中で、「大事だとわかっているのに実行できない人」が多いことを指摘し、「やりたくなくてもやらねばならないことをする力」を「意志力」（Will Power）と表現している。

やりたいことをやる力はだれにでもあるだろうが、真にわれわれの力が試されるのは、重要なことに立ち向かえるかどうかだ。高邁なビジョンや目標に近づくためには、困難でやり方がわからず腰が引けてしまうようなことにでも向き合わなくてはならない。それが意志力なのだ。自分のビジョンに忠実に生きる力ともいえよう。そういう意志力をベースにしたやる気こそが真のモチベーションであり、そこを紡ぎ出すことができるのは、ＭＢＢの対話であり思いの共有。そしてそれを引っ張るソーシャルデザイン・リーダーシップなのだ。

『イチロー×矢沢永吉　英雄の哲学』の中でイチローは、自分が五〇歳まで現役選手でありたいという夢を語り、自分に重荷を課すことが必要だといっている。大リーガーになり毎年毎年二〇〇本安打を積み重ねるイチローのモチベーションはもちろん一過性ではなく、意志力の働いて

図表9 ● 新たなリーダー像——一人二役の世界

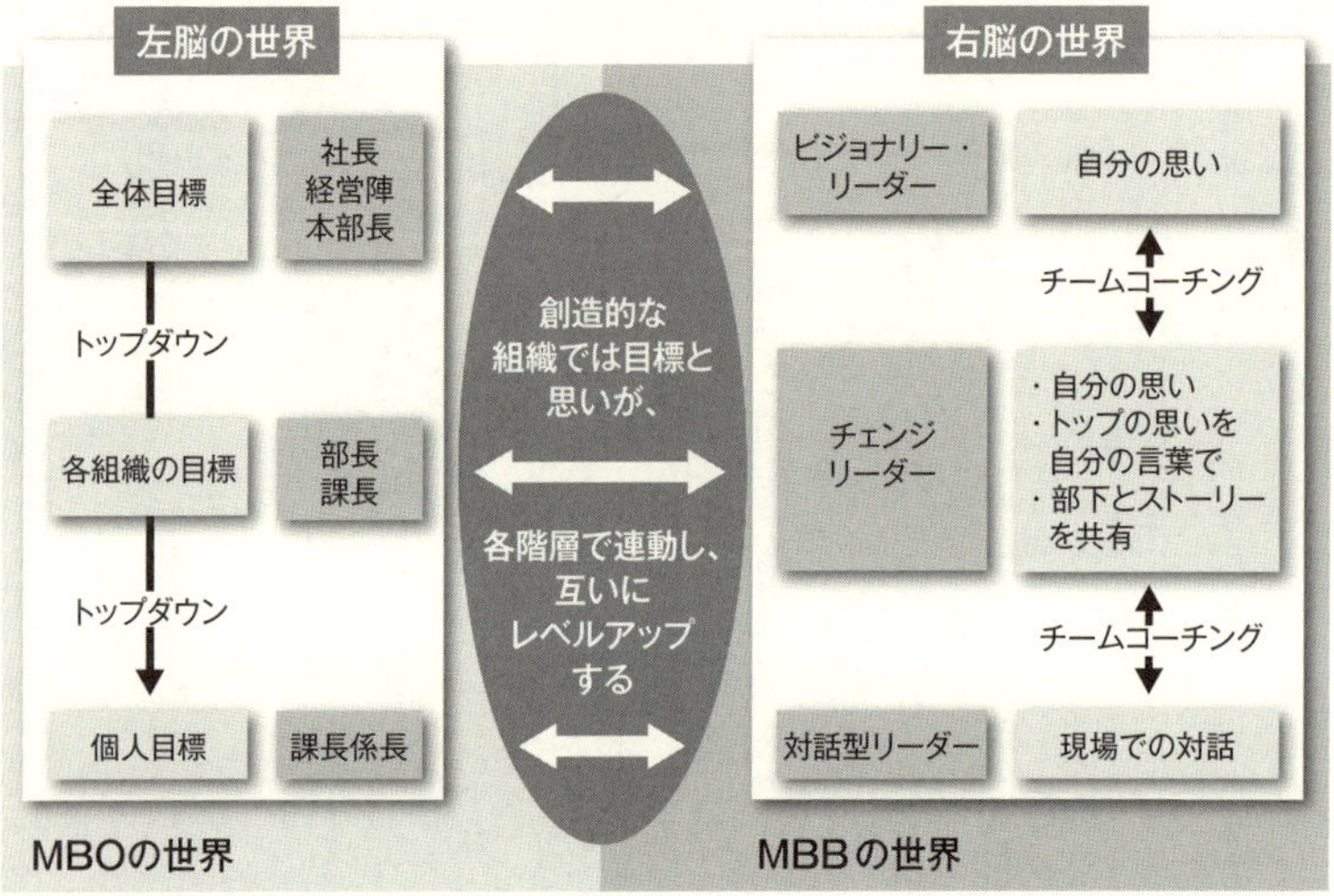

ミリタリーメタファーの
目標必達リーダー

場づくりを行い高質なビジョンを
創造するソーシャルデザイン・リーダー

いる深いモチベーションであろう。

日産のカルロス・ゴーンCEOは、周りに意志力を伝えるのがうまい経営者である。1999年に日産がどん底まで落ち、倒産のふちに差し掛かったとき、ゴーン氏がトップに就いて、社員みんなが助かったと思った。「これでなんとかなる」、「とりあえずついていこう」と考えたわけだ。ところが、ゴーン氏が策定した日産リバイバルプランでは、多くの社員たちが予想しなかったような高い目標が掲げられた。

「そこまでしなくても」、「そんなことは想定していなかった」、「そんなに厳しい目標ではやる気が出ない」という声が上がり、社内の雰囲気は緊張した。だがゴーン社長は、「いまこの危機を乗り切るためには、ここまではどうしてもやらなければ成功しない。また、成功しなければ永遠にやりがいのある職場は戻ってこない」、「モチベーションがわくためには、自らをまず奮い立たせ、立ち向かわなければならない」、「やり遂げなくては二度とモチベーションなどわいてこない」と言い切ったのである。社員の意志力を喚起しようとしたわけである。

場づくりのうまいリーダーは、社員にビジョンを共有し、思いを引き出し、それを自分たちの意志として自覚させ、当事者意識を持たせている。キヤノンの御手洗冨士夫会長、パナソニックの中村邦夫会長、シャープの町田勝彦会長、セブン&アイ・ホールディングスの鈴木敏文会長、ファーストリテイリング（ユニクロ）の柳井正会長兼CEOらは、企業の成長やイノベーションにおいて、思いを軸にした意志力革命を起こしてきたリーダーたちであり、ソーシャルデザイン・リーダーシップを持った一流の経営者であるといって差支えなかろう（図表9）。

ＭＢＢ型の人事制度――戦略は人事に従う

戦略は人事に従う

ＭＢＢを担う人事とはどのようなものか。

われわれは変化の激しい環境に身を置いており、常に自己革新やイノベーションが求められている。初めに戦略ありき、目標設定ありきと、いくら力んでみても計画はそのとおりにはいかないし、最初から考えられることには限界がある。現実の企業活動とは、時間・場所・人などによって構成される「そのつどの関係性」の文脈（意味合い）の中で、よりよい未来への方向へ舵を切り続けることなのであり、そこでは、人間の主観や価値観に基づいてどのような目的を設定し続けるかが重要だ。それが人間の主体性を取り戻し、戦略を創造する流れを生み出す。

そういう主観や思いを持った人材を育て活用していく人事は、いわゆる制度志向の人事ではない。常に組織の成員が知を寄せ合い議論し、正しいことをその場の状況に応じて判断し、実践していく。最善の解のわからない中で個人と集団が場を通じて結びつき、真の解を探り合っていく。

人事とはそのようなやわらかで包括的な「プロセス」そのものなのである。すなわち、知を創造する現場を常時見届け、ケアし、潤滑油として活性化させていく連続的な活動こそが人事なのだ。

人事が現場を回り、だべり、愚痴を聞く中で自然に現場の人間に内面化された環境認識や市場観をつかみ、組織の勢いをマネジメントする暗黙知を得ていく。現場の持つ環境認識の適切な解釈と組織運営への反映が人事の力量だ。正社員・派遣、本社・現場、企画・シェアードサービス、本体・関連企業、日本・海外などのように、企業をバラバラにしてサイロ化を促す合理的分析的発想は、知をつなげるプロセスを分断し知の貧困化、知の狭窄、そして縦軸の矮小化を招く最大の要因となる。それゆえ、創発的な組織の人事に大事なのは、「プロセスをつなぐ力」だ。現場（フロントライン）の実践から学ぶ力、ビジョンと現実を踏まえた判断力、対話や協働し合う共創の能力などがそこには含まれる。そのような知を綜合し、既存の戦略に囚われずに、むしろ戦略を創出していく構想力のある人材の育成と、彼らが創発を行う場のマネジメントのプロとしての人事が必要だ。こうしてMBOのプロセスとMBBのプロセスは真に融合してゆく。

変化の先を読んで社会システムやアーキテクチャーを視野に入れて創造的な構想を膨らませる人。変化を次々とつくり出していく人。社会資本を形成し、相互の共創で知をつくり出していく人。そして人類や世界、地球を視野に考える人。そのような人材がMBBの人事では育ってゆく。思いをベースに置いたマネジメントを全社に浸透させ、一人ひとりの社員が現場のアクチュアリティを感じ、思いを持って、未来を創造する勇気と情熱を持てるように、経験や学習、場、配属やアサインメントなどを設計し起動させ、アシストしていくことだ。人事自らの企業の知へのコミットメントが不可欠となる。

これは、「思いをベースにした人事」（Belief-based Human Process Management）であり、人事部は「知創人事部」（Knowledge-creating HRM）と呼ぶにふさわしい存在になるべきだ。

このようなMBB型の知を創造する人事が実践されたとき、人事は戦略後追いではなく、戦略創造型となる。すなわち「戦略は人事に従う」（Strategy follows people.）のである。

人事異動

知創人事部の真骨頂は個別人事である。個別人事の基本は人事異動。MBOの世界の人事異動では機械的な玉突き人事が横行する。一人穴があいたら、そこにだれを当てるかばかりが異動の関心ごとになってしまっている。階層的にふさわしいとか、スキルがちょうどいいという程度で行われる人事異動だ。そこには、人の思いを汲むという発想や、異動によってその人の知の文脈を形成し、成長をケアしようという意図はない。知の文脈を無視した異動である。

現実的な問題もある。効率経営や組織のフラット化の影響で、現場では常に人員が逼迫している状況になっているからだ。人の成長をケアし、個々人の知の文脈などを考慮する余裕はなくなっている。その結果、現場は人数のやりくりに集中したり、人材の抱え込みに走ってしまう。

では、個人が思いを育み、MBB経営を成り立たせるために、人事異動において企業が気をつけなければならないことは何だろうか。思いを持って頑張っている社員に対して、その思いとはまったく関係なく、割り当て的な異動を行えば、社員は白けてしまう。またチームでプロジェクトを進めている途中で、思いのある上司や同僚が抜け、思いのない上司やメンバーが来たりしたら、モチベーションは下がるばかりである。思いや知とは個人についており、デリケートなものだ。思いや知に理解のない異動によって断層は簡単にできてしまう。

本人がどういうキャリアを歩みたいのか、もしくは会社側がどういうキャリアを歩ませたいのか、また本人の夢に近づくプロセスはどう想定されるのか、などの観点を会社と本人が共有する必要がある。いまやっている仕事だけを考えたら、自分の思いや夢とすり合わせるのは難しいかもしれないが、将来のキャリアの中でそれを達成していこうというのは可能だろう。たとえば、顧客からもっと喜ばれようという思いであれば、現実の仕事の中でかなう。しかしもっと上の目標となると、会社側も社員の将来の可能性を大きく見せていかなければならないだろうし、社員も仕事の質を上げていくことが要求される。こうしたやり取りをしていくことが重要になる。

思いを持った個人は、仕事を通じて一つひとつの思いを実現し、それを土台にさらに高いレベルの思いを描き、努力していく。常により高いレベルで「知を価値に変えていく作業」であり、知を極めていくプロセスである。それは「一仕事終わった」、「なんとかやっつけた」という類のものではない。

アウディのケースを思い出してみよう。デザイナーの和田氏は「美しいデザインとは何か」「人を幸せにするデザインとは何か」という思いを持って一つひとつの仕事に当たり、途中で、より自分の思いを達成できる環境を求めて転職を決意した。そして思いをアウディA6というクルマのデザインに昇華させたのである。自ら知を育み、思いを価値に転換する文脈を追いかけたのだ。このようなよい流れをつくっていくことが人事異動の使命になってくる。そういう意味で、人事のデータベースでも、単に客観的な属性情報や過去の実績だけを形式知として蓄積するのではなく、個々人を直接よく知る人事のプロ、甲斐性のある上司群を養成することが重要であろう。

企業であるからには、本人が望まない異動もあるだろう。その際には思いのやり取りをすべきだろう。会社としても本人の知の文脈を理解した上で、会社の思いを訴えて、落としどころを見つけていく努力が必要だ。その意味では、常時いろいろなチャンスを考え、情報提供をすることが重要だろう。切羽詰って選択肢のない場面では双方ともに満足のいく文脈の発展のさせ方が見つからない可能性があるからだ。人事異動によって知を価値に変えていけるような発展性のあるチャンスを、継続的に探していくことのできる体制が人事部には必要だ。

評価制度

前章でも述べたとおり、MBBの評価は「学習型評価」である。MBOとMBBの共存を考えると、成果主義の評価との組み合わせが現実的な選択肢となろう。ただし、ここで一つ注意しなくてはならないのが、その成果主義で本当に正当な評価が行われているかだ。残念ながら疑問符のつく会社は多い。

仕事にチャレンジさせ、本当の真価を試す機会を設けず、ただ過去の何らかの経緯で、「こいつは優秀だから」というレッテルや思い込みが先行している場合も少なくない。そういう人材に対しては「傷つけない」人事が敢行される。それと同時に部門内での囲い込みが行われ、なかなか他部門への異動も行われない。いわゆる箱入り娘かプリンス扱いだ。逆に一度の失敗によって「ダメ社員」の烙印を押され、再チャレンジの機会を与えられない社員もいる。

こういう人事評価が続くと、幸運な者はたいした仕事もせず実績も出さないのに会社の主要ポストを渡り歩き、将来が保証されるようになる。もちろん、ある程度の実力があることが前提ではあるが、正当な評価が行われているとはいえまい。こうした間違った成果主義も多い。MBO型の成果主義では、結果を保障するための体系的なしくみの充実ばかりに焦点が当たり、「よい目標の設定」、「それをやるべき人材の見極め」、「長期的な観点からのケアやフォロー」、「徒弟制度的なチャレンジの場の設定と確認」、などの視点が抜け落ちている。制度志向の人事、形式主義の人事、戦略追随型の人事の結果だ。成果をきちんと見て、成果主義を機能させるためにも、MBB型の人事評価が重要になるのである。

MBBの人事評価では、本人の思いを磨き、育てているかどうか。思いへのコミットメントが高いかどうか、思いを他者と共有し、思いのネットワークを形成する力があるかどうかを試すことが重要になる。個々人の知の文脈に即したアサインメント、プロジェクト、修羅場経験、出向、海外出向などの機会を設け、確認することが重要な人事の仕事となる。単に横軸の結果評価を行うだけでは不十分なわけだ。昨今はやさしく過保護にお仕着せのキャリアを用意し育てる風潮がある。しかし、絶体絶命の修羅場や企業の常識を超えた試練を与えることも重要だ。そこで初めて人は新しい世界とつながらざるをえなくなり、創造の端緒をつかむことができるからだ。

また評価基準においては、企業の価値観やDNAを反映させたバリューベースの評価基準を採用することも重要だ。結果を測る成果評価と並行して、思いを重視することを伝える必要があるからだ。成果に対して従来は、プロセスやコンピテンシーが用いられてきたが、そこでもしょせん一般的なスキルのコピーでお茶を濁す企業が多く、箸の上げ下ろしのハウツーに堕す傾向にある。企業固有の思いはないし、個人が共感を持てるものにはならない。企業の思いを込め、個人がしみじみと共感するには、企業として「こういう仕事をやってもらいたい」という価値観を提示する必要がある。それが、バリューベースの評価だ。

たとえば、三井物産では管理職に対して、「よい仕事」を目標にした「リーダーシップバリュー」を定め、世界の各拠点の管理職全員の評価基準に落とし込むことを計画している。「何がよいことか」という根源的な問いかけをし続けているわけだ（図表10）。

人材育成

ＭＢＢの人材育成では高質な思いを育むこと、思いを発信すること、共有することが基本になる。場を通じて、引きこもりがちな社員を殻から出し、社員同士を積極的につなげ、社内外で人脈を形成し、助け合い、思いをコミュニケートし合って共有する環境を形成することが真骨頂だ。クロスファンクショナルなネットワークのサポート、部門を越えて社員が集まるイベントや

図表10 ● 三井物産の「リーダーシップバリュー」

- Toku
- Inspire People
- Create "Ba"
- Lead Changes for Evolution
- Commit to our Future

オフィスレイアウトの工夫なども含まれる。また、社員にも知識時代の働き方として、知を高める向上心や勉強の姿勢を求める。そういう覚悟を持ってもらうためにも、人事部員が率先垂範して知的向上心を高める活動に努める必要もあろう。

単に社内の社員同士をつなげるだけではなく、社外の知的リソースとの人脈づくりも重要だ。社外に開かれた組織でこそ、交差的アイデアが生まれるとともに、内向きになりがちな目線を引き上げ、共通善の意識を高めさせる。「社内の常識は世間の非常識」ということを意識させる社会との接点役としての人事部である。だからこそ、人事部員自らも含めて全社的に「シャドーワーク」を推奨し、目の前の仕事だけに囚われることのない、外界とつながるワークスタイルを浸透させることが必要だ。シャドーワークをすれば当然忙しくなる。これは、ワークライフバランスや残業管理の問題と表面的にはぶつかるが、真に仕事に燃えているときには時間は関係ない。人事は風潮に流されることなく、あえてそこに挑戦し創造的な解を見出すべきだろう。

また人事企画部や人材開発部門のスタッフには、知の窓口として社外のアカデミアや海外の人材育成の専門家を積極的に迎え入れるべきだ。社外の高質な知を迎えるのは、近年ますます低下しているコンセプト能力を磨くためでもある。MBBでは夢を語りコンセプトを編み出すことがきわめて重要だが、言語に貧困でコンセプトを表出化できない人が多くなっている。大きなビジョンや新しいことをぶち上げ、それをみなと共有し、方向づけていくためには、レトリックの能力が重要なのである。社内用語の世界から脱し、レトリック能力を磨く場とするわけだ。

経済学者の塩野谷祐一氏は、「ヴィジョンはいわば先入観であり、イデオロギーである。このようなヴィジョンはまったくの無から生まれるものではなく、過去から現在までに累積されてきた物の考え方から出発するのであって、（中略）レトリックという言語表現の媒介を通じることなしには、ヴィジョンは個人の頭脳を出て人々に伝達されることはない」、と述べている。（『シュンペーターの経済学』創文社、pp.60-61）。

レトリックにより巧みな言葉やたとえを用いることで人々を感動させ、ビジョンに賛同してもらえるわけだ。「服を変え、常識を変え、世界を変えていく」というのはファーストリテイリングの柳井正会長兼社長だが、そこには、巧みなレトリックでユニクロのおおいなる野望が表現されている。そのような人材育成もMBBのきわめて重要な側面だ。社内だけの閉じた関係性で小ぢんまりとした発想ではない、より普遍的でスケールの大きい人材育成機関になるというビジョンを人事部は提示すべきである。

MBBを成功に導くための運用の方法

本節では、これまで述べてきたMBBの特徴をうまく活かし、MBBを成功に導くためのキーポイントをまとめておこう。

未来のアジェンダ探索能力を育てよう

将来の可能性を社内外に見せるのがとてもうまい企業がある。一例を挙げれば、真っ先にエコが大事だと認識してアジェンダや経営課題に上げ、それに即した製品をどんどん出す。これに顧客も共感し、企業は成長していく。そうやって次の時代を切り開いていくのである。これをソートリーダーシップ(Thought Leadership)という。

MBB経営では、いまのビジネスに直接役立つかどうかよりも、ソート(将来の世界や社会への提言)を編みだし、これからの世界や社会の可能性をどれだけ広げられるかという視点が育まれる。会社は腹をくくり、社員が日常業務からはみ出すことを許容し、必要に応じて社外にも活動の幅を広げることを促進しなくてはならない。

修羅場経験や出向、海外出向などの異質の文脈の体験や人々との交流は、視点の転換や拡大、知の交差点の充実などにつながり、未来のアジェンダ探索能力の土台になる。複雑な問題を俯瞰的に見通し、一体われわれがどちらに向かうべきなのか、いまから何を仕込まねばならないのか、といった未来志向の考えを常に持つことが重要だ。

思いの連鎖を起こそう

どうしたら個人の思いを高質化し、知を価値に変えていく上昇のスパイラルをつくることができるだろうか。

その基本は、こうした個々人の思いが連なる「思いの連鎖」を起こすことだ。人の思いは周りに影響力を与える。「あの人は熱い人だ」、「コミットしている」。そういわれる人は周りにいい影響を与える。思いの発信が好循環を起こしていくわけだ。意図的に思いの連鎖を考え、思いを発信し、影響力を与えることができれば、まさにソーシャルデザイン・リーダーシップの実践である。こうして熱い集団、スウィングする仲間たちのチームをつくることだ。まずは思いを語る場をつくっていくことが重要だ。

ロールモデルを発見しよう

仕事やキャリアに思いを持つにはどうすればいいのか。一つの方法がロールモデル（自分にとってのお手本となる人物）を持つことだ。「あの人は熱いものを持っている」、「あの人はよく勉強をしている」。そんなお手本となる人に私たちは気持ちを動かされる。彼らの仕事や生活に対する姿勢が感動を与える。そういう人物に影響されるとき私たちは、「自分も頑張ってみよう」、「あんな人になりたい」、「あの人みたいに頑張ってみよう」と思う。自分の思いを表出化してくれる存在だ。だから、出会い、配属、マッチングが大事になってくる。

だからこそ、さまざまなことを受け入れ、いろいろな人、それも自分の慣れ親しんだ世界とは異質の世界で活躍する人と出会い、思いを試してみることが大切であり、その後で行う対話や内省・熟慮が貴重だ。ポジティブ思考で、柔軟性を持って、とにかく多くの出会いを創造し、ロールモデルを見出す。出会いの中で思いが生まれ、助けられ、強くなっていく。自分一人で引きこもらないことが大切だ。

ＭＢＢ仲間を見つけよう

ＭＢＢの観点からチームづくりを考えてみよう。前向き、明るさ、意欲といった未来への希望を持つ態度がチームづくりの鍵となる。いくら上司がサポートしていくといっても、意欲のない人、後ろ向きな人では成果は出ず全体が暗くなり、課題処理型になってしまう。どういう人材を組み合わせてチーム編成をするかが重要だ。

チームでプロジェクトを進めていけば、当然途中で壁にぶつかり、くじけそうな場面は出てくる。サイバーエージェントの西村規子氏も、外部も含めた混成チームで仕事をしていく難しさにぶち当たった。そのとき、あえて時間を犠牲にして、みんなで一緒に食事をし、飲みに出かけ、腹を割って話す場をつくり、難局を切り抜けた。「場づくり」につながる西村氏の前向きさ、明るさ、意欲、そしてチームメンバーを見る確かな目が、現状を把握し、事態を切り開いた。

一方で、意欲の強い人たちだけを集めてチームをつくればいいかというと、そこがまた難しい。それぞれの我が強すぎてチームが空中分解する可能性がある。ドリームチームのマネジメントがたいへん難しいのもそういう事情による。MBB仲間は思いを持つが、決して自分中心に考え、自己利益にこだわるタイプではない。共創を好み、互いに成長することに関心を持つことが大切だ。

まずはMBBのトライアルから

グーグルは売り上げの予算も精緻なものをつくらず、社員が何をやりたいかをベースとして走っている組織だ。年間でこれをやると決まっておらず、突如アイデアが出てきて、それに賛同する人が集まってプロジェクトがスタートする。組織の形はＭＢＯプロセスを回すためのピラミッド構造ではない。ネットワーク的で、多元的な発信とリンケージが随時重層的に活性化され、創発的にアイデアやプロジェクトが生まれていく。

グーグルはアナリストや株主に数値的な約束をしない。長期的な発展を目指しているので、短期的な数値はディスクローズしないと言い切っている。こうなってくるとＭＢＯも必要最低限でよく、みなが仕事をうまく進めるためのツールにすぎなくなる。数字を達成することが主眼ではなくなり、社外に対して何かを約束するための手段でもなくなっていく。

グーグルはもはやＭＢＯプロセスを必要としない極端な例であるが、ＭＢＢの非常にわかりやすい事例だ。ただし現実問題として、一般企業が一足飛びにそこまで思い切って脱皮するのは不可能だろう。無理せずに、ＭＢＯに「思い」を埋め込んで、創発のメカニズムを補強していくところから始めればよい。

まずはトップが思いを持ち、徐々に下に浸透させていくのがよい。その逆はあり得ない。もし、下が思いを持っているのに上に思いがなければ、下は辞めていくだけだ。

ＭＢＢを全社一斉に導入する必要もない。最初はそれになじむ部門から始めればよい。たとえばより先駆的なイノベーションが求められる研究所やデザイン部からスタートしてもいいだろう。もちろん、顧客と接する営業やマーケティング部門もＭＢＢを最初に試してみる候補だ。顧客にどのような感動を届けたいのか、それをどう数字の結果につなげたいのか。思いと数値とを連動させて語りやすいからである。

間接部門ではやや難しいかもしれない。間接部署では、社内のサービスやルーティンを扱っている場合が多いからだ。しかし不可能ではない。たとえば人事の仕事は、人事制度にとどまらず、人のモチベーション、企業文化など広範なテーマで研究されている領域であり、人事部員はこうした専門分野で、自分の仕事にかける思いを紡ぎ出すことが可能であろう。

また、やる気のある部門長のいるところから始める方法もある。部門単位だとMBBを導入しやすいといえる。

未来の自分からの問いかけ

知を価値に変えるプロセスには時間がかかる。最初は自分の夢やビジョンを大きく持つ。できるだけ幅広く学び、行動する。最初の夢にこだわり過ぎると、考える幅、経験の幅が狭くなってしまう場合があるからだ。

意にそぐわない異動もあるだろう。だが腐ってはいけない。知を価値に変える文脈が途切れたように思ったときでも、実は切れていないかもしれない。後になってみないとわからないことが実は多い。スティーブ・ジョブズもいっているように後で振り返ってみると自分の人生はつながっている。その条件は好きなことを追い続けることだ。

ハイデガーは、「死はもっとも確実なもの」といっている。だれにでも必ず死は訪れる。その時点で自分はどうなっているのか。そこからさかのぼって現在を考えてみることは大事だ。そこまでいかなくとも定年時の自分を思い描いてみよう。どんな自分が見えるか。未来の自分からいまの自分を見たとき、どのように見えるだろうか。また、今日やったこと、今日出会った人、今日体験したことはどう解釈できるだろうか。

単にすれ違った人なのか、それとも今後何か一緒にできそうな相手なのか。そうやって解釈していくことで、展望が開けてくるのではないだろうか。そうなると今日の仕事が単純に「面白かった」、「楽しかった」というだけにとどまらず、将来に向けた意味が見えてくる。意味づけができると行動の優先順位がつけられるようになる。まず何をやって、何を後回しにするかの判断がつき、本当に大事なことをするために割り切ることができるようになる。

将来に軸足を置いていまを見てみる姿勢が、目の前のことにフォーカスしがちな私たちの目線を引き上げてくれ、思いを育むきっかけをつくってくれる。

第5章

ＭＢＢを実践するためのガイド

創造的対話としてのチームコーチング

チームコーチングで目標を高質化

本章ではMBB実践のためのガイドやツールを紹介しておこう。

まず、チームのみなが思いを創発し、組織に流されることのない主体性を取り戻す鍵はコミュニケーションにある。特に個々人の目標を設定するときの上司や周囲とのコミュニケーションが大切だ。

「本来、私は何をすべきなのか」

「本質的な課題は何なのか」

これらの本質的な問いは、自分の主体性を取り戻すとともに、組織として追求すべき目標の質をも問い直し、目標を高質化する契機になる。「決まったことなんだから、ただ黙ってやればいいんだよ」では、新しいアイデアや楽しい目標、より高い志は出てこない。上司が部下に対して目標をただ与えるだけではなく、問いを通じて気づかせるわけだ。

目標設定を助ける問いかけのコミュニケーション手法の一つにコーチングがある。上司が部下に対して適切な質問を行い、相手の考えを整理させたり、胸の内を吐露させるコミュニケーション手法だ。それによって、相手に自分自身の気持ちに気づかせ、自発的なやる気を引き出す。相手への質問を主体にして組み立て、相手から主体的な行動を引き出すためのコミュニケーションスキルといってもいい。

たとえば、「この資料を大至急仕上げろ」という代わりに、「この資料の大切さはどういうところにあると思う、どんな影響を与えることができるかな」という具合だ。コーチングでは、「答は外から与えられるのではなく、答は自分の中にある」というのが原則だ。自分で「仕事の意味づけ」ができると、たとえ与えられた仕事であっても、自分なりに解釈し、主体的に取り組むことができる。上司はコーチとしてそれを引き出す役、その意味づけを高いレベルで考えられるように導く役に徹することが重要だ。ただし最近のコーチングでは、聞くことに主眼が置かれすぎ、上司自身の思いを伝え、部下の目線を引き上げる手助けが弱くなっている場合が多い。

そこでコーチングを一歩進めた手法が、ＭＢＢで必須となる「チームコーチング」だ。チームコーチングの本質は、思いの共有と目標の高質化のための対話手法、すなわち「創造的な対話」だ。まず上司の側が自分の仕事や目標に対する「思い」や「ビジョン」を述べる。思いやビジョン（あるいは夢、価値観や信念）のような自分の主観を述べることによって、上司としての主体性をまず表現し、部下に対しても主体的に目標を考えてもらうよう促す。

たとえば「自分としては三年後には、自社の魅力を高めるために人事制度改革を実施したい。

そして人事部のレピュテーションもさらに高めていきたい。だから今回の制度はまだ小さな一歩で完璧ではないかもしれないが、今年はどうしてもとっかかりとしてこれを成功させたいと思っている。これが僕の思いなんだけど、どう思う。君としてはどんな役割をやってくれるかな。君のいまの仕事での夢も教えてほしい」というように進めるわけである（詳しくは『〝本気〟の集団を作るチームコーチングの技術　ホンネの対話が現場を強くする』を参照）。

一方的に部下から決意を聞き出すだけではない。上司と部下がチームとなって、ともに思いを語り合い、目標を紡ぎ出し、すり合わせし合う。それこそチーム・コーチングと呼ぶ所以だ。双方向の対話を持つことによって、お互いが学び合い、夢や気持ちを理解し合い、本当にすべきことを明確にしていくことができる。

目標設定とは、「やるべき目標をきちんと紡ぎ出す共同作業のプロセス」と理解すべきだ。そして、目標設定のときに、きちんと上司が自部署の目標に込めたい思いや将来のビジョン、主観を自分の言葉で語るところからスタートする。そのためには、チームコーチングによって相互に主観を共有し合うことが不可欠だ。

「思い」のピラミッドとしみじみ感

「思い」の発信力

チームコーチングの具体的な方法を説明しよう。チームコーチングの柱は、①上司の思いの「発信力」、②部下から思いを聞き出す「質問力」、そして③部下の思いを聞き理解しようとする上司の「傾聴力」の三つである。とりわけ大事なのは思いの発信力だ。

効果的に思いを発信するためには、①明確な思いやビジョン、夢があること、②それを達成するためのカギや乗り越えねばならない障害を自覚していること、③それを乗り切るための具体的な策があることが重要だ。

明確な思いやビジョン、夢があることがまず基本だ。それは何年後にこうなりたいという、いわばリーダーとしての決意であり、余計な言い訳を剥ぎ立った自分の信条だ。ビジョンがないとは、すなわち将来への責任をとっていないに等しい。そして第2章でも述べたように、この思いやビジョンには、①正義、普遍性、グローバル性、共通善、真善美など人類の価値観への貢献、

②大きな枠組みへの貢献（地球、人類、世界、国、地域社会、会社、部、課、チームなど）、③自分の生き方や人生観に根差している強固さ、④本質的な問題や新しい価値創造への貢献、⑤明るく、前向きで、発展性があるか、といった要素が欠かせない。

しかし、そのような高質なビジョンになればなるほど、達成は難しくなる。それゆえ、そこへ向かうための壁は何なのかが明確になっていなければならない。そうでなくては、「そりゃそのほうがいいに決まっているが、現実はそんなに甘くはない」、「課長は何も現実をわかっていない」といわれても反論ができない。

さらにその気合いが現実のものであることを証明するために、しっかりとした方策が考えられていないといけない。この三つが達成されたとき、思いは絵空事ではなくなり、部下や周囲の心に響くことになる。そして心情的な深い共感を呼び起こし、ビジョンが共有される契機となる。それが「しみじみ感」であり、脳科学者の茂木健一郎氏が指摘するクオリアを感じるときともいえよう。

「思い」のピラミッド

このようなしみじみ感のある思いをあぶり出すためには、次の五つの問いに答えていくことが必要だ。これをＭＢＢでは、「思いのピラミッド」と呼ぶ（図表11）。

1．ＷＨＡＴを語る——何をやりたいのか、何を達成したいのか。その達成によってどんなす

図表11 ●「思い」のピラミッド

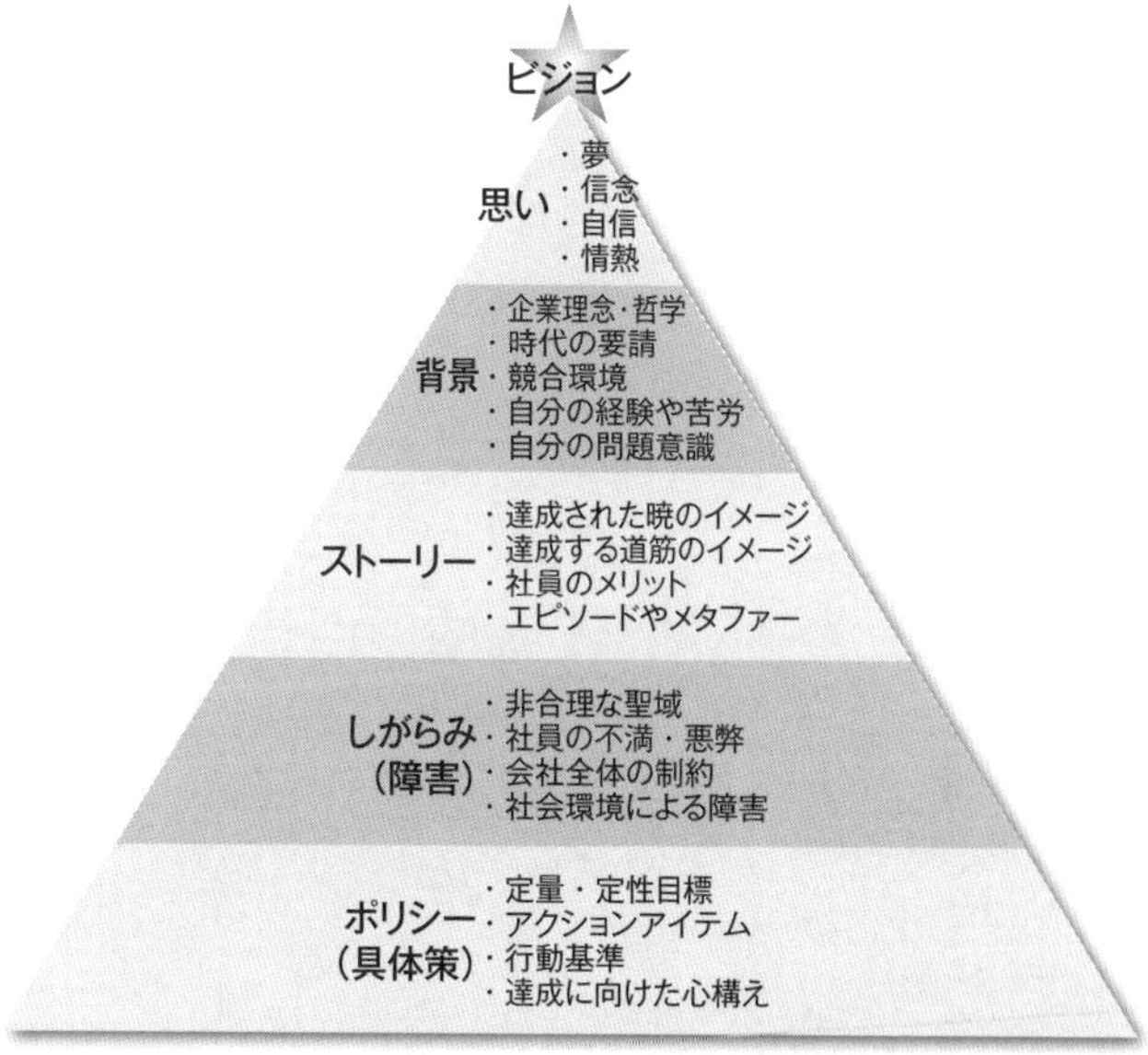

ばらしい世界を生み出したいのか。自分の夢や志そのものだ。直近の夢もあるだろうし、将来の壮大な夢もあるだろう。いずれにしても自分の気持ちを込めて、「私はこれが好きなんだ」といえる何かだ。ホンダの創業者、本田宗一郎の、どうしても海外に行きたいんだ。経営コンサルタントがなんといおうと海外に出るんだという強い信念がグローバルなホンダをつくり上げてきた。

2．背景を語る――WHATに辿り着いた背景だ。どうして自分はそう思うのか。その答えは自分の生い立ちやキャリアと関係していることが多いだろう。

シャープの町田社長は自分がTV事業部長だったときに散々悔しい思いをした結果、液晶TVで王者になるという夢をぶち上げた。個人的な強烈な原体験があればあるほど思いに迫力が出ることになる。

3．ストーリーを語る——思いを語るに当たっては、それを物語風に語ることができればなおよい。どんなすばらしいプロセスをみんなで共有したいのか、ワクワクあるいはしみじみするストーリーを語る。日産のゴーンCEOは、日産のV字回復に社員を集中させるために、「みなで将来、いまのことを振り返ったときに、あの時の日産再建はこうやったんだといえるような歴史の証人になろうではないか」と自分の思いを伝え、社員を奮い立たせた。

4．しがらみを語る——志や夢の達成の最大の障害はおそらく、過去のしがらみだろう。これまでのルールに従えばそんなことはできない、いままでの慣行と異なる、常識的ではない、そんなことはいままでできたためしがない、など否定意見や懐疑論がすぐに出る。多くの企業で、ビジョンが画に描いた餅に終わり、だれも本気にしないのは、制約条件を真摯に取り上げ、真剣に向き合うことをトップが表明しないからだ。小泉内閣が参院での郵政民営化否決に遭遇した後、そのまま引かずに、「郵政解散」を行い総選挙に打って出たのは、しがらみには徹底して抵抗するという明確な意思表示だった。これまでの自民党のしがらみや慣習、タブーを徹底して無視した選挙戦術と「過半数を取れなければ辞任する」とまでいった覚悟で本気度を示した。

5．ポリシーを語る——では、そのしがらみをどう乗り越えるのか。その具体的な方針や方策がなければやはり思いは生半可なものにとどまってしまう。そこで自分はリーダーとして、どのような方針で臨むのか、自分のマネジメントポリシーを語ることで思いのあぶり出しをしなくてはならない。「夢に日付を」のフレーズで有名なワタミの渡邉美樹会長は次のように語っている。自分の思いを達成するには、もうダメだ、もうこれ以上はできないとあきらめる限界まで自分から目標を高くしよう。そのメルクマールは一二一％の目標設定だ、と。ストレッチしたゴールを立てる際のポリシーをわかりやすく示して、自分の思いを表現している。

こうした問いに真剣に向き合い、本当に意味のある思いをあぶり出し語り合い、紡ぎ出していくのが、チームコーチングでありＭＢＢの真骨頂となる。トップがまずこうした思いのあぶり出しを行うだけでなく、これを組織全体で中間管理職まで含めて行い、仕事の目標に「思いの裏打ちをつける」作業が重要である。

SECIモデルに基づく「思い」を深めるセッション

MBBリーダーシップ・セッション

MBB実現のための具体的なプログラムを紹介しよう。それがMBBリーダーシップ・セッションだ。それは、「思い」をあぶり出す創造的な対話を生み出す場だ。MBBリーダーシップ・セッションの中で、先述した「思いのピラミッド」づくりを行い、自分のビジョンの創造や目標への思いの裏打ちをつけていく。

ここでは、その大まかな流れを示しておこう。

まず、リーダーシップについていろいろな角度から考えてみる。高質な目標を生み出し、人々を勇気づけ、人々にも思いを持たせるようなリーダーシップの重要性について事例やケーススタディを交えて検討する。そういう中で、通常は漠然としか捉えていない志やビジョンについて各自なりの気づきを通じて理解を深める。

現状の自分がどれだけリーダーシップを発揮しているかを知るために、三六〇度の事前評価

図表12 ◎ MBBリーダーシップ・セッションのプログラム（2回コース）

DAY1

- MBBのフレームワーク
- 変革リーダーシップのケーススタディ
- MBBオーディットのフィードバック
- 思いのピラミッドで思いを表出化する
- 思いを達成するための壁を明確にする

DAY2

- 自分の原点を探る
- ロールモデルの研究
- チームコーチング
- セルフコーチング
- MBBコミュニケーションロールプレイ

（MBBオーディット）の結果をフィードバックし、自分の理想に描いたもの、あるいは自分ではこうしているはずと思っていたことと、現実の受け止められ方のギャップを明確にするとよい。また、自分のロールモデルや自分の過去の原体験などを取り上げ、自分の理想像、根源的なモチベーションも再確認する。

こうして自分がどういう方向に向かいたいのか、また何に努力すべきなのかを次第に明らかにしていく。こうした作業を通じて自分が内面的モチベーションとして一体何をしたいのか、しっかりとつかむ。セッションでのグループディスカッション、事前の課題図書などを通じた対話型の形式と自分個人の思索などを効果的にスパイラルさせていく。

こうして、自分の思いのピラミッドを作成し、参加者へのマニフェストとして公開し、思いを明確にしていく。

またセッションでは、思いを発信するコミュニケーション手法についても学び、効果的に対話を持ったり、発表したりするロールプレイを取り交ぜ、思いを発信する楽しさと自信も身につけていく。

このようなMBBリーダーシップ・セッションを通じて、普段の業務の中ではなかなかまとまった時間がとれずに暗黙知状態のままにされがちな自分の思いを、言葉に出していくことが可能になる（図表12）。

SDS（SECI Dialogue Session）

SDSは上記のMBBリーダーシップ・セッションを参加者各自の自発的な場として設定し、それをファシリテーターが効果的にリードすることで、各自の思いをあぶり出していく手法だ。

したがって、MBBリーダーシップ・セッションがおおむね一泊二日のセッションであるのに対して、SDSは一回九〇分のセッションを一〇回繰り返して行う形式をとる。SDSファシリテーターのもとで、毎回のテーマに従って各自が自分の体験や考えを発表しながら、相互に対話を行い、互いに思索を深め合う。こうすると日常の忙しい現場では交わすことのできない仕事への思い、マネジメント上の悩みなどを吐露し、傾聴し合う習慣ができてくる。自分の思いを語る場を一〇回も持つことで、ビジネス・モードの左脳型の会話パターンが、すっかり右脳型のストーリーモードに切り替わっていく。創造的な対話が体感でき、身体知になっていく。

仕掛けは次のとおりだ。

①日々の重圧（とくに人のマネジメント）に悩むミドル層が、相互に語り合うことで、同じ悩み、同じ課題、同じ思いの仲間たちであることに気づき、勇気づけられ、活性化する場とする。（場のエネルギー）

②マネジャーとして自分に対する自信を持ち、また、そのベースとしての自分の思い・ビジョンを明確化することで、部下に対する影響力を高め、モチベーションの高い職場づくりへつなげる。（モチベーションの高い職場）

③自分らしい動機に気づき、自分のマネジメントスタイルやポリシーを磨く大切さを理解し、今後の継続的研鑽につなげる。（自分のスタイルの表出化）

④自分から語り、仲間と共有し、フィードバックを受けてさらに思いを明確にするプロセスを体験する。また部下とストーリーのやりとりをする、こうして職場での語り合い、聴き合う文化づくりのリーダーとなる。（語り合う、対話のカルチャー）

⑤ミドル層のクロスファンクショナルなネットワークを広げることで、仕事をやりやすい土俵をつくる。（クロスファンクショナルなネットワーク）

このような場では、実は知識創造のSECIモデルが回っている。自分の暗黙知を語り、他のメンバーと共有する共同化（Socialization）。他のメンバーと語り合って気づいたことを自分の言葉で語り、自分の思いのコンセプトに高めていく表出化（Externalization）。そして、そのコンセプトを職場で部下や周囲の同僚に話して確かめさらに膨らませていく連結化（Combination）。最

図表13 ● SDSセッションのテーマ（例）

フェーズ	日付	時間	回	テーマ
フェーズ1 イントロ・土俵設定	5/18	8:30～10:00	第1回	キックオフ&マネージャーの役割
	5/25	8:30～10:00	第2回	マネージャーの役割の確認
フェーズ2 内省・自分のスタイルの探索	6/1	8:30～10:00	第3回	自分のマネジメントの特徴
	6/8	8:30～10:00	第4回	自分流マネジメントの生い立ち
	6/15	8:30～10:00	第5回	自分にとっての修羅場体験
	6/22	8:30～10:00	第6回	自分のモチベーション、動機
フェーズ3 自分のスタイルの創造・他者への伝達	6/29	8:30～10:00	第7回	成功の秘訣、コンセプト化
	7/6	8:30～10:00	第8回	対人関係
	7/13	8:30～10:00	第9回	周囲とのコミュニケーションのあり方
	7/20	8:30～10:00	第10回	今後のビジョン、実践のマイポリシー

後に、それを実践してみて再度反省し暗黙知を得る内面化（Internalization）だ（ＳＥＣＩモデルについては116ページの図表6を参照）。

毎回のテーマには、職場の問題、自分の修羅場体験、自分のロールモデル、自分のビジョンなどが定められており、それらを九〇分間で全員で話し合う。このような内省、ビジョン構築、その実践が一体になった対話型のセッションがＳＤＳであり、ストーリーを語れるリーダー育成の場となる（図表13）。

デジタルコーチング

デジタルコーチングとは、「思い」を高める個別コーチングのデジタル版だ。

通常は、ＭＢＢリーダーシップ・セッションやＳＤＳのフォローアップとして行われる。ＭＢＢリーダーシップ・セッションやＳＤＳで思いを高め、リーダーは職場でのＭＢＢの実践に意気揚々と向かうわけだが、いざ職場に戻ってみると、忙しさに忙殺されてなかなか思うようにははかどらないのも現実だ。そこで、少しでもそういう多忙なリーダーの後押しをしよう、メールやＳＮＳを使ってフォローアップを行うことになる。

すでにＭＢＢリーダーシップ・セッションやＳＤＳで顔なじみになった講師やファシリテーターがコーチあるいはメンター役となって、リーダーの悩みに一対一で対応する。フェイス・トゥ・フェイスでできればもっとも効果が上がるのだろうが、すでに十分忙しい日本のリーダーには、時と場所を選ばないデジタルのほうが喜ばれるようだ。おおむね二カ月に四回程度のバーチャルセッションを持つ。リーダーからの問い合わせ（悩み、意見、思考の発展、具体的問題へのヘルプ要請など）メールに対して、メンターがメールで支援する。個別フォローの際には、集合セッションでは聞けなかった個別の悩みなども相談を受けることも多い。

また、デジタルコーチングでは、一方的に悩みに応えるのではなく、メンターの側から、個別リーダーの特性に合わせて、ビジョンを高質にしていくためのアドバイスを行う。下がり気味になる目線や矮小化しがちになる行動をどう刺激し、高め広げるかにアドバイスの力量が問われる。知識創造のためのアドバイスを行うわけだ。また、そのために、旬の課題やニュース、世界的な出来事についての意見も聞き、常に視野を広げながら考えてもらうようにする。

「思い」を深める基本作法としてのセルフコーチング

日常から学ぶセルフコーチング

ＭＢＢプロセスでは、個々人が自分なりの思考パターンを持ち、それにしたがって、日ごろの何気ない感想や気づきを深掘りしていくことを推奨している。それを「セルフコーチング」という。「思い」を持つといっても、いきなり何もないところからは生まれてこない。思いとは日頃の思索や体験の省察の産物なのだ。

われわれは日ごろ、いろいろな出来事に出くわしたり、ニュースに触れたり、会話を楽しんだりしているが、そのときには何かを感じても、それはその場限りで忘れてしまう場合が多い。また、何かを見たり触れたりしても、感情的に「ステキ」、「いいね」、で終わってしまうことも多い。

作家の林望氏は知性があるとか知的だというのは、感情だけで反応するのではなく、ものごとをきちんと認識して自分なりに解釈していく。そのような自分なりの方法論を持っていることだ

図表14 ● 思考の型を手に入れる

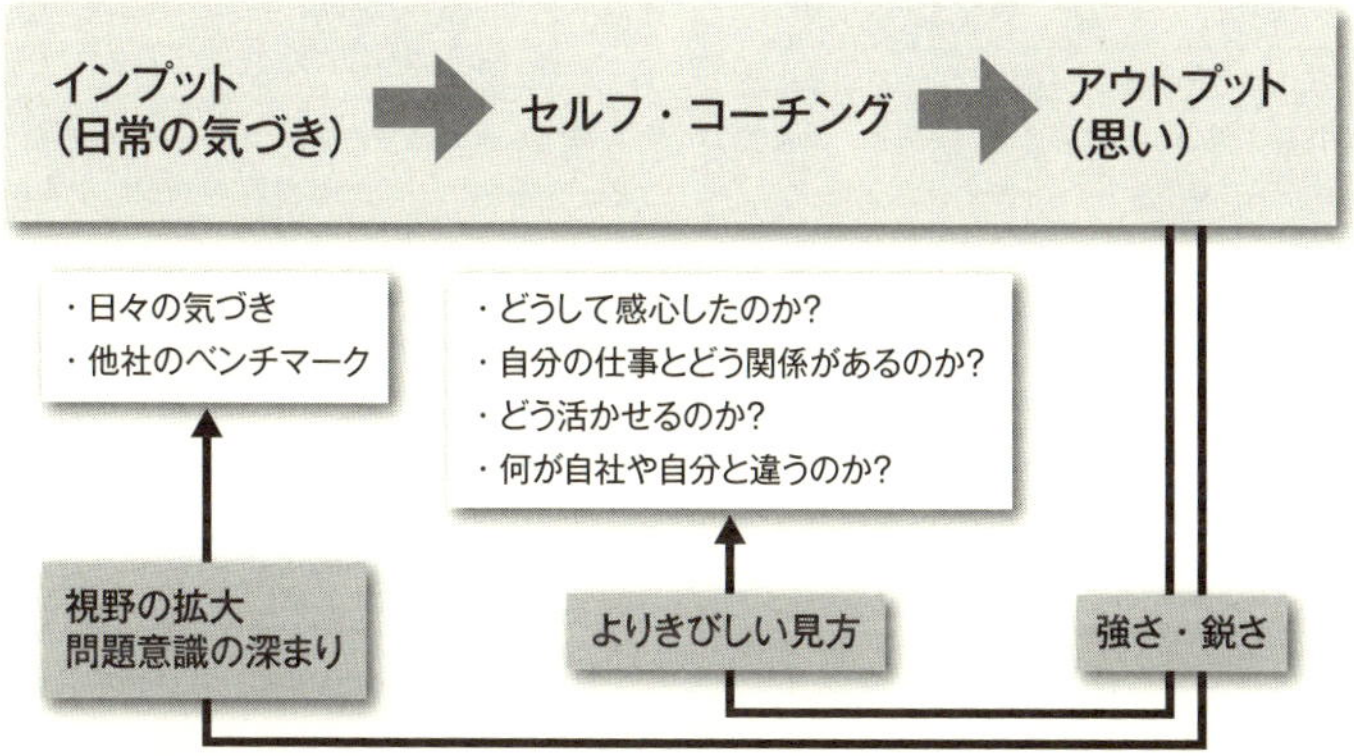

という。ダビンチやミケランジェロが人体の絵や彫刻を創造するにも、人体を解剖学的にきちんと捉えており、ただ人物の外見だけを美しく描いているわけではないように。

このようにわれわれは表層だけで物事を流すのではなく、一歩突っ込んでそこから何かを読み取ったり、自分への意味を考える契機にする必要がある。頭で考え、話し、書き、そして行動に移す。そのようなプロセスで、自分の思いは次第に明確になり、反省させられ、質も高まっていく。次ページのセルフコーチングの設問例やワークシートを参考にしてほしい。毎日一〇分の積み重ねが思いをつくり出す道のりだ(図表14、図表15)。

思考の型としみじみ感

このようなセルフコーチングに熟達してくる

図表15 ● セルフコーチングワークシートの例：10月20日（月）

1. 今日のできごと、気になったこと

食品偽装やウソがまかり通っている。中小企業経営者のモラルも問題だが、一方で、大企業の内部の問題も深刻だ。トヨタ、日立、三菱、ソニーまでもが基本的な問題を起こしている。

疲弊した現場、思考停止の社員が目に浮かぶ……

現場で確認せずに、机上だけの仕事も増えている。時間がないからなのか?重要性が忘れられているのか?

2. 気づきの深掘り（何を思ったり、考えたのでしょうか?）

人事でもルールやコンプライアンスの法律とか、枠組みから入る仕事が多いけれど、効果がないように思う。

3現主義というけれど、最近の仕事では現場の実態が反映されていないのではないだろうか。

もっと話し合う場を持って、深い理解がないといくらルールをつくっても難しい。

でも時間がないからなぁ……

3. 自分の仕事や人生の問題意識、モチベーションとの関係

自分の職場でも状況は同じで、各自の仕事の仕方はフォローしきれない。

各社員の善意というか常識、良識に頼っているだけで、無防備としかいいようがない。

でももっとコミュニケーションをとらないと、お互いわからなくなってしまう。

4. 今後の自分に活かすとしたら?（夢や具体的な課題につながるか）

もっと社員同士がお互いに知り合うような環境づくりを普段からしていないと一朝一夕にはできない。

「なぜそうするのか」、「なんでこれがいいのか」など、若手のほうからも率直に聞けるような雰囲気が大切だ。

もっと仕事の取捨選択で、みんなのための時間をつくることかな?


と、自然に考えるクセが生まれる。それを「思考の型」と呼ぶ。思考の型とは、自分なりに自分の気づきを深め、自分の思いを引き出すパターンだ。そこからより研ぎ澄まされた自分の方向性や思いが生まれてくる。問題をズバッと指摘したり、自分なりの意見を明確に述べる人は、自分なりの思考回路を確立しており、周囲や常識に流されない。またレトリックを編み出し、人々を勇気づける、いわゆる「自分の言葉」や「自分なりのキーワード」で語る。こうして、ぶれな

図表16 ● 修飾語に思いが込められたしみじみ感のある目標例

通常の目標例		しみじみ感のある目標例
売上高５億円の達成。	→	昨年度より30％アップの売上高5億円を達成し、業界No.１の商品力のイメージを確立する。 それにより、日本の業界のデザイン力の水準を引き上げることにつなげたい。
部下へのOJTの実施。	→	どんなに忙しい時でも、何か質問されたら、嫌な顔をせず丁寧に答える。 即答ではなく、「君はどう考えるの?」と尋ねて回答に導く。
顧客関係における問題のスムーズな処理。	→	「トラブルが起きたらまず君に頼むよ」と顧客に言われる第一人者になる。
競合他社情報の熟知。	→	競合他社の動向についてはどんなことにでも即座に答え、コメントを加えることができるようになる。

修飾語の中に思いがこもる
MBOの目標設定をする際に

い信念が浸み出し、メッセージ力が高まる（図表16）。

そうなると、MBBプロセスの対話においても、対話の当事者間で深い心情的な共感を醸し出すような「しみじみ感」のある話ができるようになる。しみじみ感とは、深い共感や共鳴の得えられた心理的な状態を指す。こうして初めて本気の気迫（Actuality）が伝わるようになる。

われわれの日常では、普段は何気ない、とりとめのない会話が多いが、目標を共有するときにそうであっ

図表17-1 ● MBB：Management by Belief（思いのマネジメント）

MBBとは、

・内省（セルフコーチング）によって個々人の思いや気づきを明確化し、
・相互（タテ・ヨコ・ナナメ）に対話することで、自分の志にまで高め、
・単なる数値目標の上意下達に圧迫されたり、意志なく流されて仕事をするのではなく、
・自分の実体験に基づく、思いや仮説を持って、
・組織のビジョンを主体的かつ前向きに理解し、
・他者との動的で多様な関係性を通じて、
・自分や組織、チームの高い志を紡ぎ出し、仕事に反映するための
・自律的なマネジメントとコミュニケーションのしくみ。

ては困る。目標を設定し、チームで取り組んでいく際には、当事者同士、上司と部下、チームメンバーはみな、互いの目標に対して共感し、自分のこととして受け入れる必要がある。それゆえ各自は自分の思いを込めて、相手をしみじみさせるように自分のやりたいことを語らなくてはならない。

思考の型を持つ人は、日々自分の経験を自分なりに解釈し、自分を成長させているので、自分が何をすべきか、何をしたいかが見えるようになる。それゆえ体が目的に向かって動いていく。

このような自らの日々の営みを常に仮説を持って反省的に捉えなおす努力。それが知的な生き方を形成していくわけだ。MBB経営の実践へ向けて、まず第一歩を踏み出してほしい。最後にもう一度MBBについてまとめておこう。図表17を参照してほしい。

図表 17-2 ◉ MBB の実践へ

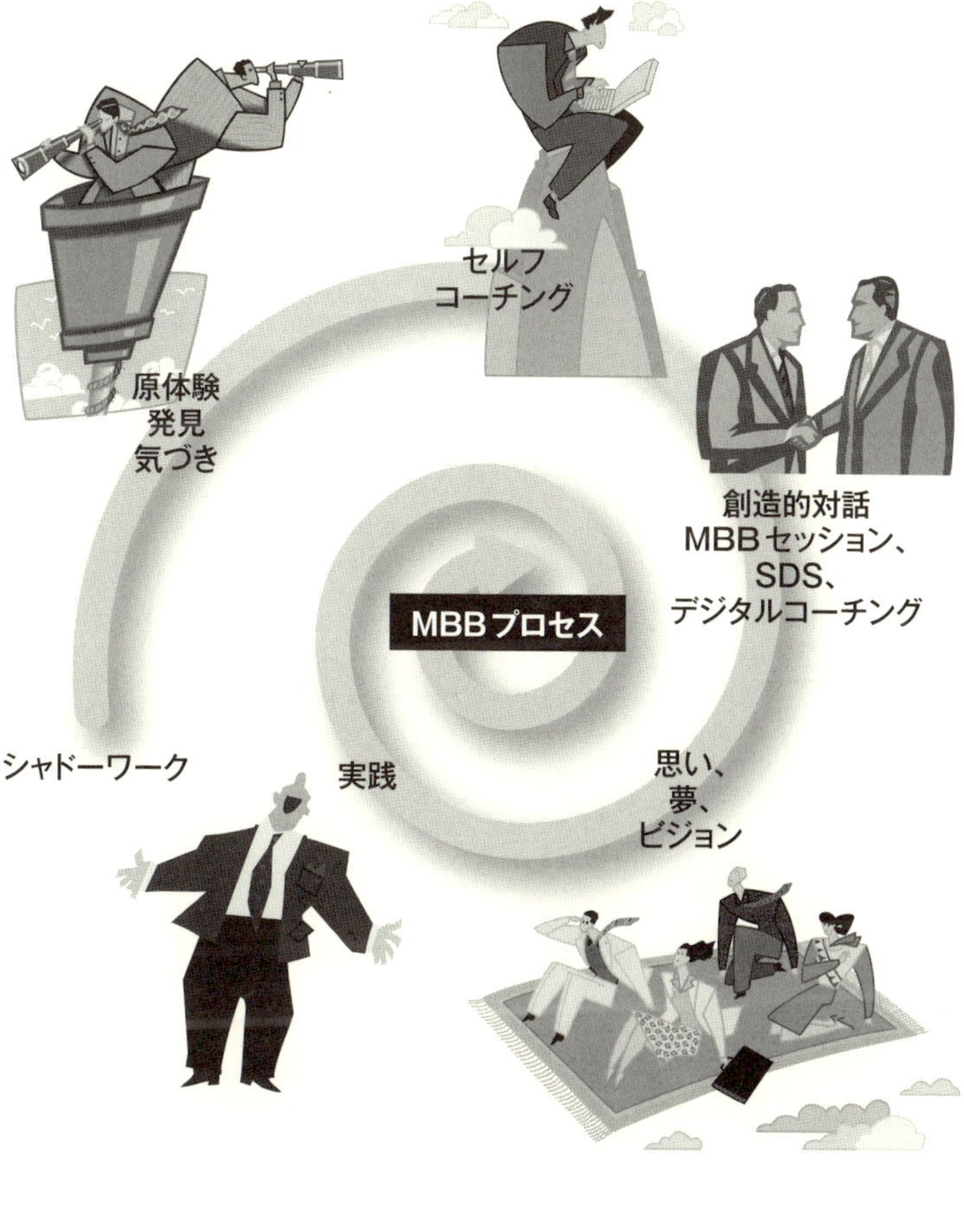

終章

フロネティック・リーダーシップ

フロネティック・リーダーの六つの能力

時代はいま、フロネティック・リーダーシップの発揮とそれを実現するMBBを求めている。フロネティック・リーダーは全体の善のために高質で倫理観にあふれる意思決定を下し、知識創造を通じてイノベーションを実現する。彼らには六つの能力が求められる。

①「善い」目的をつくる能力
②場をタイムリーに創発させる能力
③アクチュアリティを直観する能力
④本質直観を生きたシンボルに変換する能力
⑤言語を結晶化する能力
⑥賢慮を育成する能力

善い目的をつくるとは、個別状況の中で「何が善いことか」についての判断（judgment）を下す能力である。

「あらゆる行為や選択はすべて何らかの善を希求する」
（アリストテレス『ニコマコス倫理学』）

イノベーションを実現できるかどうかは、現実の動きの中で、その一瞬、一瞬に最適な判断ができるかどうかにかかっている。未来はわからないのだから、過去の事実の蓄積であるデータを分析していても何も生み出すことはできない。したがって、一瞬の中で「本質」をつかむことができるかどうかに未来創造はかかっている。そしてこのような一瞬の正しい意思決定は常に善なるものを追求する中で実現する。知識創造企業には知識ビジョンがなくてはならない。それは「われわれは何のために存在するのか」という根源的な問いかけを繰り返しながら生み出す、企業がつくりたい未来へのビジョンである。真・善・美を追求する絶対価値である。したがってリーダーには共通善に向けた「より善い」の無限的追求が求められるのである。

場をタイムリーに創発させる能力とは、人間存在の根底にあるケア、愛、信頼、安心など感情の知（Social Capital: 社会関係資本）を共有する場をつくる能力である。それは日常のありふれた言語・非言語的コミュニケーションにおける他者の気持ちの理解、共感、感情の機微の察知、自他相互介入のタイミングと限界点への配慮等を通じて養われる。知識は経験知、個人知に発する。それが他者の経験とぶつかり合い、自己を超える。そのような他者との関係性をつくり上げる基盤がケアである。それは他者の経験に関心を持ち、他者との間に創造的で良好な関係性をつくり上げることなのである。

アクチュアリティ（actuality）を直観する能力とは、時々刻々と変化する、ありのままの個別具体の現実を凝視し、その背後にある本質を直観的に見抜く状況洞察能力である。アクチュアリティとは、「いま、ここ」の時点で進行している出来事のただ中で身をもって経験している「コト」的な現実を指す。現実は一瞬も固定できないので科学では扱えない。それは主客未分の状態にある。主客分離で対象化する「モノ」的な現実とそれは異なる。「モノ」的な現実が主客分離の完了形で固定化でき、因果律が明確であり、科学で扱えるのとは対照的である。それは傍観者的現実でもある。しかしそれでは真の現実は捉えられない。ホンダの有名なホンダウエイ――三現主義とは、まさに現実をアクチュアルに捉えようとする考えと行動である。自分の直観、身体的経験に基づいた知識こそが、未来を創るイノベーションの源泉なのである。

〈ホンダの三現主義〉
・現場に行くこと（the actual place）
・現物・現状を知ること（the actual thing or situation）
・現実的であること（being realistic）

「いま、ここ」の共有が場の基盤である。共有の基盤があると、共創に向けて知が創発される。それは生きた文脈の共有である。

本質直観を生きたシンボルに変換する能力とは、ミクロの直観を、マクロの構想力（歴史的想像力、ビジョン、テーマ）と関係づけ、対話を通じて抽象化し、概念化し、仮説化し、物語化して、説得する能力である。個別の経験から得た本質的直観を，対話を通じて概念化する能力がフロネティック・リーダーには求められる。人々に見えないものを提示するレトリックも重要な要素だ。

事実は「目に見える」が本質は「目に見えない」。したがって、知識創造にはその背後にある真の根拠やメカニズムを読む洞察力が必要である。有名なトヨタの「対象に対して五回の『なぜ』を繰り返す」というのは、事実の奥にある本質を捉えようとする姿勢に他ならない。実際に、「『原因』より『真因』。原因の向こう側に真因が隠れている」とはトヨタ生産方式を確立した大野耐一の言葉であるが、それこそ本質を捉えようとする姿勢を示している。

言語を結晶化する能力とは、情熱と勇気を持って、あらゆる手段や資源を、時には巧妙に、マキアヴェリ的政治的手法も理解して、ビジョンを実現する政治力である。知識創造は力仕事を要する。組織を動かさないといけない。抵抗勢力と戦わないといけない。必要なリソースを調達しないといけない。したがって知識創造リーダーにはある意味ではしたたかさが必要である。それは共通善と現実のダイナミックな中庸を追求するステーツマンシップとも呼ぶことができる。

賢慮を育成する能力とは、個人の全人格に埋め込まれている賢慮を、実践の中で伝承し、育成し、自律分散的賢慮（distributed phronesis）を体系化する能力である。そうすることによって、何が起ころうとも、弾力的・創造的に、リアルタイムで対応できるしなやかな組織を構築できるのである。

組織が持続的に成長を遂げるためには、このようなリーダーを育て続けなければならない。「ホンダはトップだけが頑張るような会社ではありません。製造現場の一人一人がものすごく重要なんです。ですから、従業員全員が本田宗一郎にならなきゃいけない。大勢の本田宗一郎をつくることが、ホンダにとっては大切なんです。」とホンダの前社長、福井威夫氏は語っている（赤井邦彦著『「強い会社」を作る』文春新書、２００６年）が、これこそ自律的分散的賢慮の育成に励むトップ・リーダーの姿勢に他ならないのである。

新しいグローバル・カンパニーを目指す

欧米のリーディングカンパニーはイノベーションを通じて現在の世界的経済不況を乗り越えようとしている。その際にイノベーションの焦点は「人類の直面する重要問題の解決」に定められている。

世界ナンバーワンの食品メーカーであるスイスのネスレがこのような「人類の深刻な問題」解決のための活動として選択したのは、社会の最底辺にいる人々を貧困から解放し、滋養に富んだ食品を楽しむ機会を提供し、より健康的な生活を実現することだった。ネスレの会長ピーター・ブラベック氏は２００９年４月に、「貧困を減らし、健康を改善し、人々に力を与えるという共有された価値観が、ビジネスの長期戦略の基盤です。つまり事業で長期的な成功を収めたいのならば、社会にも価値を生み出さなければなりません」と語っている。

ネスレが市場として注目するのはＢＯＰ（Bottom of the Pyramid）、年間所得三〇〇〇ドル未満のいわゆる「The Next 4 billion」（これから市場で開拓すべき四〇億人）である。ネスレは貧しい人々にも購入できるように、１回当たりの使いきり形式で麦芽飲料の「ミロ」などの先進諸国で人気のブランド商品を販売している。しかし、ネスレは貪欲にこの社会の最底辺で荒稼ぎしようというわけではない。「(社会の最底辺にいる)人々の自らの生活改善を目指す旅にわれわれも参加します」とネスレは宣言している。

たとえば、南アフリカでは若者への雇用機会提供を目的に設立された基金と連携して、職のない若者をネスレ商品のベンダーに雇用している。その数は四〇〇〇人に上ると予測されている。ネスレと貧しい人々との間にウィン-ウィンを実現しようというわけである。業績の向上と社会問題解決の連動である。

米国に目を向ければ、ゼネラル・エレクトリック(GE)は最近「世界が直面するもっとも困難な課題の解決に貢献するインフラ、金融、そしてメディア企業です」と自己紹介している。GEは2005年から「エコマジネーション」を実施し、エコロジー関連で八〇以上の製品を生み出した。2009年には環境関連でグローバルに一八〇億ドルの売り上げを達成する計画である。その結果、温暖化ガスの八%を削減できるという。また環境問題の解決に向けて国、世界を動かそうと、自社の活動成果の情報公開にも積極的だ。

エコマジネーションの活動を通じて、「イノベーションと技術はすべてのステークホールダー(顧客、社員、地域社会、投資家)にとっての企業価値向上につながる」ことに自信を持ったGEは、今度は健康と医療にもイノベーションの照準を定めだした。それが「ヘルシーマジネーション」である。2015年までに一〇〇以上のイノベーションを実現しようと、六〇億ドルを投資している。注目したいのは、医療コストの削減、医療へのアクセス拡大、医療品質の向上をヘルシーマジネーションの重要業績評価指標に定め、それをオックスフォード・アナリティカという社外の調査機関に評価してもらっていることである。

日本でも企業の社会的責任（CSR）への関心は高まっている。しかしともすればCSRと業績との連動が密ではないように思われるのは誤解だろうか。「CSR活動推進室」といった企業内の一部門だけの活動にとどまり、担当者任せになっていないだろうか。ネスレもGEも、企業活動パフォーマンスと社会問題の解決は両立すると自信を持って語っている。CSRを意識しない企業活動はありえない、CSRは必然だという考えであろう。そしてまた、「グローバルな重要問題に取り組む企業」というグローバル企業の新しい定義を、両社は示唆しているように思える。

日本企業も大衆市場に関心を集めだしており、「ボリュームゾーン」（大衆市場）という言葉が頻繁に聞かれるようになった。しかし、それを単に新たなマスマーケットだと捉えてはならない。中国企業でもいまや急速にCSRや環境に関心を高めて、ボリュームと社会的公正を両立させようとしつつある。こうした中、日本の中でも高い技術力を持って環境問題で事業を伸ばそうとしているアグレッシブかつ真摯な企業が数多く登場している。これらの分野で事業を伸ばそうとする際に大事なのは、自社で人類の直面する課題を解決する、その結果として業績を伸ばすという、社会的使命感なのではないだろうか。世界の直面する課題の解決の先頭に立つという高い志こそが、企業を未来に導くのではないだろうか。

そしてこのような企業をリードするリーダーに求められるものこそフロネシス、つまり個別具体的な場面の中で、世界全体の善、人類の持続的な発展のために意思決定し行動すべき最善の振る舞い方を見出す能力である。その意味で、最近、温暖化ガスの25％削減という国際公約は、日本企業が環境分野でグローバル・リーダーシップを発揮する絶好のチャンスである。フロネティック・リーダーシップを発揮して世界が直面する重要問題の解決を目指すことこそ日本の使命である。そしてその成否は、組織においてフロネシスの発揮を促す日常のＭＢＢの実践にかかっている。毎日の現場でのＭＢＢの実践、そこで磨かれ育まれ、共有されていく組織成員一人ひとりの高質な思いが、人類の継続的な発展の基盤である。日本企業のグローバルな知的貢献を実現するためにも、思いを語り合う経営、ＭＢＢの実践をぜひ試みてほしい。

あとがき

「思い」のマネジメント（MBB）について最後まで読んでくださった読者のみなさんに御礼を申し上げる。

強い思いを持って事に当たることについては、洋の東西を問わず、職業や役割のいかんを問わず、また年齢や性別を問わず、とても重要なことだと思っている。とくに、大きなこと、遠大なこと、長く時間のかかることなどに取り組もうとするとき、強い思いはなおさら必要になる。それは、夢、志であり、問題意識や仮説でもある。また価値観や自分のマネジメントのスタイルという形をとることもある。自分らしさを込めたやり方や目標、ビジョンということだろう。

残念ながら、日本ではここ二〇年近く、そう、ちょうど日本の衰退が始まって以来、そのような主観的な要素は、合理的な経営や論理分析的な意思決定には邪魔なものであり、経営を誤る要因だとみなされてきた。しかし、本書で縷々《るる》述べてきたように、実際には経営を動かす原動力こそ、主観的な要素である思いなのである。その思いをより高い次元で正当化できるか、客観化できるかが経営であり、その逆ではないということだ。

また、人は一人では仕事ができない。大きな仕事になればなおさらだ。人をチャレンジングな目的のために動かす、みなで斬新な知恵を出す、異なった人々が集まって創造する……。このような困難度の高い目標にみなで取り組むには、共同体的なつながりが重要だ。お互いが信用しあい、無償の手助けを行い、お互いを高め合う関係性が必要だ。そういう関係性を構築するのもやはり理論や分析ではない。むしろ共感・共鳴できる思いがその中心だろう。

失われた二〇年を取り返そうと模索する中で経営においてもさまざまな取り組みが行われ、またそれとともに流行語も生まれた。その一例がコミットメントではないか。いや、コミットメントという言葉は一時の流行を経て、いまでは会社の中でごく普通に使われる言葉として定着しているともいえるかもしれない。「あなたはこの業績目標にコミットメントできますか」といった具合に、与えられた仕事を確実に実行につなげるために、組織で働く者に「コミットメント」が求められる。もちろんコミットメントが求められるのは社員一般だけではなくて、会社のトップにも求められる。中期経営計画の達成、今年度の売上、利益目標達成へのコミットメントである。しかしコミットメントしたからといって、確実に目標が達成できるわけではない。では、確実に実行につながるコミットメントはどのようにして生まれるのだろうか。

そもそもコミットメントとは強制されるものではない。コミットメントは「自分はこの仕事、この業務課題を何が何でもやり遂げたい」という個々人の「思い」から生まれてくるものなのだ。

仕事、業務に思いが込められているかどうかが、コミットメントが実際に実行につながるかどうかの分かれ目となる。われわれ人間は考えることができるし、そして夢を持つことができる。理想の追求である。そしてわれわれは何かやりたいことを目指しているときには、たとえ困難なことに出会ったとしてもそれを乗り越えていこうとする。どうしてもやりたい、どうしても成し遂げたいという強い思いがあるからだ。その時にコミットメントが生まれてくる。コミットメントは強制されるものではない。個々人の思いから自然と生まれてくるものなのである。

さらに言うならば、自分の思いを込めて行うことであるから、これは自分が行うにふさわしいことなのか、自分にとって正しいことなのか、あるいは自分にとってこれを行うことは美しいことなのかといった哲学的見地、美学的見地もその際には問われることになる。「夢」、「思い」を持って、思いを実現するための仮説を現場で構築する。仲間の意見を聞いて自分の「思い」を「真理」に導く。仮説を検証し、必要ならば修正し、以上の経験をふまえて新たな知識創造に向かう。このような思いからフロネティック・リーダーシップもスタートする。

このように考えたならば、組織のマネジメントも変わってくる。だからこそわれわれはＭＢＢを提唱するのである。マネジメントの主眼は個々人が思いを持ち、自主的、自発的に動けるような環境整備を行うことに置かれるべきではないだろうか。個々人が考える喜び、夢を実現する喜びを実感できる環境をつくり上げることだ。夢の実現は個人を成長させる。なぜならば夢、ビジョンはわれわれわれを変える力を持っているからだ。「小説家になりたいと思った瞬間、彼女の未来も、現在も、過去も変わった」と語ったのは哲学者のハイデガーだった。今まで小説家になろうとは思っていなかった人が小説家になろうというのだから、当然、未来は変わる。未来の小説家を目指して日常活動も変わることだろう。今まで以上に文章を書くことに時間を割くかもしれない。しかしそれだけではない。小説家になろうと思った瞬間、それまであまり強く意識されていなかった自分の過去も思い出されるのではないだろうか。「ああ、そういえば小さい頃、日記を書いていたな」とか「作文の時間が好きだったな」といったように。このようにビジョンはわれわれを変える力を持つのである。変革の実行を使命とするリーダーにとってビジョン構築が大事なのもそのためだ。

個々人の思いを大事にするマネジメントをわれわれはMBBと名づけた。信念、思いに基づくマネジメントである。MBO、つまり目標管理が無用だというのではない。目標を設定してその進捗状況、達成を測定することはとても大事なことだ。しかしMBBを伴わないMBOはコミットメントをもたらさないし、目標の達成に至らないのではないかと考える。

MBBは、そのような重要な思いを正面から取り上げて、仕事やキャリアの中に活かし、経営のシステムの中にどう取り組むべきかを考えるコンセプトである。

アウディの和田智氏はクルマや美への思いを語ってくれた。サイバーエージェントの西村規子氏はプロジェクトの成功へ賭ける思いを語ってくれた。またユナイテッド・シネマの宮田昌紀氏、内橋洋美氏は映画館ビジネスの再興に取り組んでいる。個人の強い思いがいろいろな発想を生み出し、ビジネスを躍動的にしていることを例証している。
また、星野リゾートの星野佳路氏、レコフの吉田允昭氏、エマソンの三島大二氏らは、経営者の観点から思いの重要さを正面から捉え、MBBをマネジメントのしくみに落とし、経営成果と思いを両立するための工夫をされていた。みな思いのマネジメントについて、とても賛同していただき、多くを語っていただいたが本書で紹介できたのはごく一部分にすぎない。実際、みな思いを語るときにはとても生き生きとされていた。思いを持って仕事をしているのだが、その思いを語る場が経営の中ではなかなかないともおっしゃっていた。

本書を執筆するにあたっては、他にも多くの方に実際のMBBの現場を語っていただいた。またこれまでの筆者らの付き合いの中でも、本当に多くのMBB実践者が日本にはいることを筆者らは知っている。しかし、「思いや主観ではいけない」「きちんと論理立てて説明しないといけない」ということがあたかも二律背反のようになっていることが問題である。これらは両立すべきものであり、思いのない論理は無意味であり、論理のない思いは危険でもある。しかし、うすうす変だと感じていても、つい論理に負けてしまうのが人の常。だからこそ安心して本音を語れる関係性が大事なのである。自分が本音の思いを語れなければ、相手も思いを吐露してはくれない。それが本書でも述べてきた「場づくり」だ。場を企業の中に縦横に生み出し、思いを語り合う生き生きした集団になってこそ、創造的な仕事ができるのだ。

このようなMBBの考え方と作法を通じて、新しい職場像、新しい仕事への向き合い方、自分のキャリアの新しい育て方を、自信を持って模索していくようになっていただければ幸いである。毎日会社に来るのが楽しくてしょうがないと思えるかどうか。また、いい先輩や同僚、いい人脈がどんどんと増えていくかどうか。そんなことがＭＢＢができている一つのメルクマールとなるはずだ。一人ひとりが思いを語り、ＭＢＢを通じて、もっともっと楽しく創造的な職場を日本に増やしていこうではないか。

最後になるが、本書執筆に当たって多くの方にご協力をいただいたことに謝意を表したい。とくに、多摩大学大学院の紺野登教授をはじめ、浜井功氏、大下明文氏、荻野博夫氏、岡村周実氏からは、多くのご示唆をいただき、お礼を申し上げる。

参考文献

●赤井邦彦『強い会社を作る　ホンダ連邦共和国の秘密』文春新書、２００６年
●一條和生、徳岡晃一郎『シャドーワーク　知識創造を促す組織戦略』東洋経済新報社、２００７年
●奥山清行『人生を決めた15分　創造の１／１００００』ランダムハウス講談社、２００８年
●笠井恵美『サービス・プロフェッショナル』プレジデント社、２００９年
●ゲイリー・ハメル他「マネジメント２・０　新時代に向けた25の課題」『ＤＩＡＭＯＮＤハーバード・ビジネス・レビュー』２００９年4月号
●紺野登『知識デザイン企業』日本経済新聞出版社、２００８年
●ジェームズ・コリンズ『ビジョナリーカンパニー2　飛躍の法則』日経ＢＰ社、２００１年
●塩野谷祐一『シュンペーターの経済観　レトリックの経済学』岩波書店、１９９８年
●鈴木敏文『挑戦　我がロマン』日本経済新聞出版社、２００８年
●ダニエル・ピンク『ハイ・コンセプト「新しいこと」を考え出す人の時代』三笠書房、２００６年
●徳岡晃一郎『〝本気〟の集団を作るチームコーチングの技術　ホンネの対話が現場を強くする』ダイヤモンド社、２００５年
●野中郁次郎、紺野登『美徳の経営』ＮＴＴ出版、２００７年
●野中郁次郎、竹内弘高（梅本勝博訳）『知識創造企業』東洋経済新報社、１９９６年
●野中郁次郎、徳岡晃一郎「戦略は人事に従う」『一橋ビジネスレビュー』56巻4号、２００９年春号

●野中郁次郎、徳岡晃一郎「ビジネスモデル・イノベーション」『一橋ビジネスレビュー』57巻3号、２００９年冬号
●野中郁次郎、徳岡晃一郎『世界の知で創る　日産のグローバル共創戦略』東洋経済新報社、２００９年
●ハイケ・ブルック、スマントラ・ゴシャール『意志力革命』ランダムハウス講談社、２００５年
●林望『知性の磨きかた』ＰＨＰ新書、１９９６年
●フランシス・マキナニー『松下ウェイ　内側から見た改革の真実』ダイヤモンド社、２００７年
●フランス・ヨハンソン『メディチ・インパクト』ランダムハウス講談社、２００５年
●前川正雄『モノづくりの極意、人づくりの哲学』ダイヤモンド社、２００４年
●前川正雄『世界を変える「場所的経営」』実業之日本社、２００９年
●町田勝彦『オンリーワンは創意である』文春新書、２００８年
●茂木健一郎『脳と創造性「この私」というクオリアへ』ＰＨＰ研究所、２００５年
●矢沢永吉、「イチロー×矢沢永吉　英雄の哲学」制作委員会『イチロー×矢沢永吉　英雄の哲学』ぴあ、２００６年
●柳井正『一勝九敗』新潮社、２００３年
●ラム・チャラン『ＣＥＯを育てる』ダイヤモンド社、２００９年

著者紹介

一條和生（いちじょう　かずお）
一橋大学大学院国際企業戦略研究科教授．

IMD(国際経営開発研究所，ローザンヌ，スイス)兼任教授．

1958年生まれ．一橋大学大学院社会学研究科，ミシガン大学経営大学院卒業，経営学博士(ミシガン大学)．専攻は組織論(知識創造論)，リーダーシップ，企業変革論．主な著書に『バリュー経営』(東洋経済新報社)，『ナレッジ・イネーブリング』『シャドーワーク』(いずれも共著，東洋経済新報社)，『企業変革のプロフェッショナル』(ダイヤモンド社)などがある．

徳岡晃一郎（とくおか　こういちろう）
フライシュマン・ヒラード・ジャパン，パートナー．

多摩大学大学院教授．知識リーダーシップ研究所所長．

1957年生まれ．東京大学教養学部卒業．オックスフォード大学経営学修士．日産自動車人事部，欧州日産を経て，99年より現職．レピュテーション・マネジメント，人事および社内コミュニケーションなどに関するコンサルティングに従事．主な著書に『シャドーワーク』『世界の知で創る』(いずれも共著，東洋経済新報社)，『人事異動』(新潮社)，『"本気"の集団をつくるチーム・コーチングの技術』(ダイヤモンド社)，訳書に『リーダーシップ・コミュニケーション』(同) などがある．

野中郁次郎（のなか　いくじろう）
一橋大学名誉教授．

クレアモント大学ドラッカースクール名誉スカラー．

1935年生まれ．早稲田大学政治経済学部卒業．富士電機製造勤務ののち，カリフォルニア大学経営大学院（バークレー校）にてPh.D.取得．南山大学経営学部，防衛大学校，北陸先端科学技術大学院大学，一橋大学，同大学院の教授を経て，現職．主な著書に『組織と市場』(千倉書房)，『知識創造の経営』(日本経済新聞社)，『失敗の本質』(共著，ダイヤモンド社)，『知識創造企業』『ナレッジ・イネーブリング』(いずれも共著，東洋経済新報社)，『戦略の本質』(共著，日本経済新聞社) などがある．

MBB：「思い」のマネジメント

2010年7月1日　第1刷発行
2013年10月15日　第5刷発行

著者　一條和生／徳岡晃一郎／野中郁次郎
発行者　山縣裕一郎
〒103-8345
発行所　東京都中央区日本橋本石町1-2-1　東洋経済新報社
電話　東洋経済コールセンター03(5605)7021
印刷・製本　廣済堂

Printed in Japan　ISBN 978-4-492-52186-1　http://www.toyokeizai.net/